PUBLICATION DU GOUVERNEMENT DE LA
RÉPUBLIQUE DE L'UKRAINE OCCIDENTALE

PAGES SANGLANTES

FAITS CONCERNANT L'INVASION DE L'ARMÉE POLONAISE EN TERRE UKRAINIENNE DE LA GALICIE 1918—1919

TOME I

DECEMBRE 1919.

Préface.

“Libre destination des peuples!” tel était le droit dont profitèrent tous les peuples courbés sous le joug oppresseur de l'ancienne monarchie Austro-hongroise pour se former en états indépendants.

Le 1er Novembre 1918 le peuple ukrainien de la Galicie orientale, (du San au Zbrucz) du nord de la Boucovine et du nord-est de la Hongrie proclama lui aussi son indépendance, constitua à Léopol un gouvernement qui prit en mains l'administration de tout le territoire ethnographique et proclama par l'organe de son Conseil National tout ce territoire “Etat National” sous le nom de “République Démocratique d'Ukraine Occidentale”.

Ce même Conseil national, dans sa séance du 3 Janvier 1919 a proclamé à Stanislaviw la réunion de ce territoire à la Grande Ukraine pour ne former désormais qu'un seul Etat organique en conservant toutefois l'administration de cette province jusqu'a la réunion de l'Assemblée Constituante des Républiques Ukrainiennes Unies.

Mieux que toute argumentation ou démonstration le fait suivant prouve à l'évidence combien précaires étaient les bases sur lesquelles s'appuyait le pouvoir bureaucratique polonais en Galicie orientale. Du fait même découle combien petit était le nombre d'éléments polonais répandus sur ce territoire. Il ne fallut qu'un jour aux organes du Conseil national ukrainien pour prendre en mains le pouvoir que détenait jusque là la bureaucratie austro-polonaise. Cet événement s'accomplit sans résistance aucune du côté polonais (du San jusqu'au Zbrucz) et sans qu'il fut versé une seule goutte de sang.

Ce n'est qu'à Léopol où les Polonais avaient envoyé un nombre assez important de leurs légionnaires, des soidisant permissionaires, que deux jours après la prise de possession du pouvoir par le Conseil national ukrainien ces bandes polonaises armées livrèrent combat à la garnison ukrainienne dans les rues.

Ces combats d'une poignée de partisans auraient bientôt pris fin, si le "Gouvernement" polonais n'avait pas envoyé à ces bandes des secours armés de Varsovie. Le nouvel état ukrainien qui venait d'être proclamé, ne put résister à l'action militaire polonaise, appuyée et secourue par certains Etats de l'Entente, car les régiments ukrainiens se trouvaient encore sur les anciens champs de bataille d'Italie, du Tirol, d'Albanie et de Serbie, et ne purent être rapatriés à temps. Ce n'est qu'après huit mois de luttes héroiques, acharnées que les troupes de l'Ukraine Occidentale qui avaient combattu pour la liberté de leur patrie, furent obligés d'abandonner la Galicie et de se retirer vers l'est au delà du Zbrucz.

Grâce à leur politique d'intrigues et de mensonges, l'armée polonaise reçut le 25 Juin 1919 de l'Entente mandat d'occuper tout le territoire de la République ukrainienne occidentale.

Tant au point de vue du droit des Gens, qu'au point de vue du droit de souveraineté nationale accordé par l'Entente à tous les peuples de l'ancienne monarchie austro-hongroise il n'y a aucun doute que le gouvernement proclamé dans la Galicie orientale par le Conseil National Ukrainien en Novembre 1918 ne fut un gouvernement absolument légal et qu'étant donné ce qui précède, ce gouvernement ne pouvait considérer les insurgés polonais de Léopol que comme des rebelles. Il s'en suit que la guerre déclarée par la Pologne à la République Ukrainienne Occidentale, ainsi que les secours armés que ces insurgés reçurent de la Pologne ne peuvent être considérés que comme une action passionnée, d'impérialisme et de conquêtes.

De là encore la décision prise par l'Entente, le 25 Juin 1919

est un grave outrage au droit de souveraineté nationale du
peuple ukrainien, droit auquel ce peuple ne renonça jamais!
Bien au contraire, surtout à partir de 1848 le peuple ukrainien
ne cessa de lutter de toutes ses forces en Autriche-Hongrie, et
cela au milieu des circonstances les plus difficiles, contre le
regime autrichien et la bureaucratie polonaise y installés.

La décision ci-dessus prise par l'Entente fut basée sur la
nécessité de lutter contre le bolchévisme, qui, c'est chose certaine, n'a jamais existé dans la République d'Ukraine Occidentale. Cette décision ne fut non seulement une violation du droit
de souveraineté nationale du peuple ukrainien, mais elle eut pour
effet de plonger ce peuple dans des souffrances telles que
l'histoire d'Europe n'en vit jamais. Aussi l'effet fut tout-à-fait
contraire à la pacification! Pourquoi? Parceque l'Entente confia
ce rôle soi-disant "Pacificateur" au plus terrible ennemi national
des Ukrainiens le "Polonais" qui depuis plus de cinq siècles
consécutifs est en lutte continuelle et agressive contre la religion,
la nationalité et l'idée sociale du peuple ukrainien.

L'occupation polonaise actuelle peint un bien triste tableau
du martyre du peuple ukrainien, elle écrit en lettres de sang
le martyrologe d'un peuple de héros, nous présente le martyre
qu'aucun peuple n'eut à souffrir jusqu'à nos jours, martyre dont
l'histoire ne connait pas son pareil! C'est là la plus incroyable,
brutale et inhumaine violation des plus hautes aspirations nationales et des principes fondamentaux du droit de "libre destination des peuples".

L'armée polonaise d'occupation est formée en majeure
partie par la jeunesse et la classe intellectuelle. Littérature et
presse anti-ukrainienne leur donnèrent une éducation des plus
chauvinistes. Cette armée est infatuée d'une haine si aveugle,
si sauvage et si sanguinaire envers les ukrainiens qu'il est
impossible de lui trouver sa pareille au monde. L'ordre de
pacifier la Galicie Orientale remis en de telles mains et à de
telles troupes, ne signifiait qu'une chose: "livraison du paysan

ukrainien, de la classe intellectuelle, sans distinction de sexe
ni d'âge à la plus cruelle des persécutions, aux souffrances
les plus raffinées, à la destruction en masse, préméditée et
systématique. Les massacres des Balkans et ceux d'Arménie,
les pogromes russes et la terreur bolchéviste pâlissent devant
ces monstruosités!

Des milliers et des milliers de victimes ukrainiennes innocentes sont vouées aux supplices de cette terreur polonaise et
meurent dans les casemates de Modlin, Brest-Litowsk, Strzal-
kova, Varsovie, dans les camps de concentration de Dombie,
Wadovitse, Peremychl, Pykulyczi et dans bien d'autres encore.

Le nombre des Ukrainiens "civils" de la Galicie Orientale
arrêtés ou emprisonnés, s'élève à plus de 250.000. Ce chiffre
dit tout si on le compare à la population ukrainienne de la
Galicie orientale, qui à l'heure actuelle ne dépasse pas
3 millions et demi. Donc les Polonais ont arrêté un "hui-
tième" de la population, homme ou femme, enfant ou
vieillard, en un mot tout ce qui parmi la population passait
pour instruit, pour homme de caractère ou d'action, ou qui
jouissait d'une certaine influence. Il va de soi que les locaux
adaptés manquèrent pour un nombre aussi incroyable d'internés;
on les enferma à la hâte dans les cellules des prisons et dans
les plus que misérables baraques contaminées par le typhus
et la dysenterie. Du fait même ils se virent ainsi condamnés
à une mort certaine. Et que vit-on? Un "cinquième" au moins
de ces malheureux ont été victimes de ces effroyables épidémies!
Les autorités polonaises ne pourront jamais se laver de l'accu-
sation de n'avoir rien entrepris pour arrêter les ravages qui
moissonnent chaque jour la fleur de la population ukrainienne.
*Bien loin d'y porter remède, ils ont enfermé de propos délibéré
les malades avec les personnes en bonne santé. Des centaines
de victimes innocentes se sont vues creuser ainsi leur tombe
par les mains criminelles polonaises.*

L'armée polonaise a pris aux paysans ukrainiens tout ce

qu'ils possédaient: argent, bétail, chevaux, blés, vêtements, linge, ustensils de ménage et instruments aratoires. Beaucoup de villages furent la proie des flammes. Plus d'un village se vit imposer d'énormes contributions sous menace, en cas de non payement, d'incendie du village. Beaucoup d'églises ukrainiennes sont fermées, car les prêtres sont mis en prison, internés ou confinés dans les territoires polonais de Galicie occidentale. Beaucoup de prêtres ont été tués d'une façon sauvage, et plus d'un n'échappa à la mort et aux bandits polonais qu'en traversant le Zbrucz. Plusieurs églises ont été incendiées, démoliées ou pillées. Presque partout les écoles primaires ukrainiennes sont fermées. Les écoles secondaires, surtout les écoles privées ont été supprimées. On défend l'entrée de l'Université et de l'école polytechnique à la jeunesse ukrainienne, même l'organisation de cours universitaires privés (pour les Ukrainiens) fondés au moyen de subsides ukrainiens est défendue. Les sociétés et organisations ouvrières ne peuvent plus fonctionner. Beaucoup de journaux n'ont plus le droit de paraître. En un mot tout ce qui se rapporte à la vie publique ukrainienne est opprimé.

Entretemps diverses épidemies s'étendent sur le pays et les Polonais avec préméditation, n'organisent aucun secours médical pour la population.

Aujourd'hui cet effroyable état perdure encore bien qu'au Landtag polonais des députés se soient élevés contre ces barbaries sans nom et que la presse polonaise elle-même se soit opposée à l'impérialisme de ses compatriotes. Ce qui précède prouve à l'évidence que l'Entente a non seulement commis un grave outrage envers tous les droits des gens en remettant le droit de gouverner plusieurs millions d'Ukrainiens (et de Juifs) *aux mains de leur plus grand ennemi national, mais que par* là elle les a voués à une destruction complète.

Ce livre ne contient qu'un aperçu des mauvais traitements dont a souffert la population ukrainienne de la Galicie orientale, par les pacificateurs polonais.

L'occupation militaire polonaise en Galicie orientale le régime de police terroriste qui y fut établi, la fermeture de toutes les frontières de territoire, la censure et la révision aux frontières sont causes qu'il ne nous est parvenu qu'une quantité relativement très minime des faits affreux accomplis par les polonais. C'est pourquoi nous ne ferons connaitre ici que les faits les plus importants en donnant en même temps les renseignements les plus précis.

Afin d'éviter aux témoins les poursuites dont ils pourraient être sujets de la part des autorités polonaises, nous ne donnerons que les initiales des noms et endroits.

La commission d'examen des atrocités polonaises, instituée par le Représentant diplomatique du Gouvernement de la République Démocratique d'Ukraine Occidentale à Vienne, tient à la disposition de quiconque voudrait vérifier les faits, les noms et prénoms ainsi que les adresses des témoins oculaires: à condition toutefois qu'elle reçoive garantie que les témoins n'en souffriront aucun dommage.

Nous soumettons ces faits affreux et horribles au jugement des tribunaux des états civilisés et en particulier des grandes puissances de l'Entente. Puisse ce recueil d'horreurs effroyables exécutées au nom des Grandes Nations: la France, l'Angleterre, l'Italie et l'Amérique, remuer la conscience de tous ceux qui s'honorent d'être "HOMMES", et couvrir d'opprobre ceux qui ont envoyé ce terrible bourreau contre les paysans, les prêtres, les instituteurs, les médecins, les femmes et les enfants ukrainiens. Puisse le but humanitaire que nous nous proposons dans ces pages être atteint! Il ne le sera que lorsqu'on mettra fin à ces actes barbares, lorsque l'auteur moral de ces crimes aura mis le "hola" à ce régime sauvage qui règne sur la Galicie orientale; lorsque des hommes dont le seul crime est de parler la langue ukrainienne et d'appartenir à la Religion gr.-catholique seront mis en liberté et échapperont par là à une mort certaine à la quelle ils sont voués par le typhus et la dysenterie!

Au nom du Christ, de l'Humanité, de la Civilisation, ainsi-qu'au nom de la Protection des Survivants exposés aux plus horribles traitements nous faisons appel au Monde entier en lui criant:

Mettez fin à cette horrible barbarie qui est exercée sur un peuple honnête, bon et civilisé!

Empêchez le martyre et le massacre d'hommes sur le territoire ukrainien occupé par les Polonais, par ces Polonais aux cœurs inassouvis de haine nationale, sur une terre ou des centaines de mille des meilleurs représentants du type humain meurent dans de misérables campements!

Jettez un coup d'œil sur la situation horrible dans laquelle se trouvent ces apôtres de la civilisation parmi les masses populaires, ces organisateurs de sociétés d'enseignement, de crèches et de maisons d'étudiants, de caisses d'épargne, de sociétés anti-alcooliques, ces prêtres, ces instituteurs, ces femmes et même ces otages septuagenaires et ces enfants de 7 ans!

Opposez-vous à ces horreurs comme vous vous opposâtes à l'esclavage, comme vous vous êtes opposé aux luttes sanglantes en Arménie et en Crête!

Ecoutez la voix de ces martyrs! Mettez fin à nos souffrances, à l'opprobre qui flétrit le XX Siècle!

I. Assassinats.

Assassins! Voilà le mot terrible qui résume la page la plus effrayante des atrocités polonaises!

Assassins! Voilà l'épithète sanglante qui caractérisera le Polonais dans l'histoire ukrainienne.

L'assassinat fut en effet l'arme dont les Polonais usèrent tant à l'égard des prisonniers ukrainiens qu'à l'égard de la population ukrainienne sans défense. Ils ne font pas même choix de leurs victimes, tous y passent! prêtres, intellectuels, ouvriers et paysans, femmes, vieillards, malades, invalides, et horreur! même les enfants!

Que ces actes infâmes ont été prémedités et réglés d'avance le prouvent assez les ordres du jour des commandants de l'armée polonaise, qui ordonnent "de tuer sans pitié les "prisonniers!"

Ces faits sont une insulte lancée aux principes fondamentaux humanitaires et au droit des gens. Trois témoins oculaires L. K., H. N., K. S. nous rapportent les paroles des soldats polonais de l'armée de Haller qui leur disaient: "Notre com-"mandant nous a donné l'ordre de ne pas faire de "prisonniers ukrainiens mais de les tuer; pourquoi "mangeraient-ils du pain polonais? Les Ukrainiens "sont des sauvages!" Ceci se passait le 19 Mai 1919. W. W., M. H. et M. P., trois autres témoins confirment ces mêmes faits. Même dans les hôpitaux on tua les malades. Pour les moindres infractions les internés et prisonniers étaient battus jusqu'au sang et très souvent frappés à mort. Que de paysans ukrainiens ont été fusillés sans avoir été jugés! Choisissant

parmi le grand nombre de crimes commis par les Polonais,
nous ne portons à la connaissance du public que ceux qui
nous sont parvenus avec les renseignements les plus exacts.

1⁰ A **Solotwyna,** le lieutenant Podwysocki de la 6ᵉ compagnie du 30ᵉ régiment d'infanterie a fusillé le 10 Juin 1919,
sans enquête et sans jugement, dans la forêt près du village
de Pryslop, l'ingénieur Michel Martineć, âgé de 66 ans, membre
du gouvernement ukrainien, secrétaire d'Etat à l'agriculture et
ancien conseiller aulique autrichien. L'assassin après avoir
accompli ce meurtre se vanta d'avoir fusillé de sa propre
main "le ministre des Haidamaki".

Voici les faits: Le lieutenant polonais Pietrzycki convoqua
en interrogatoire les personnes suivantes qui se trouvaient alors
chez le régisseur des biens du Baron Liebig à N. 1⁰ feu le
secrétaire d'Etat Michel Martineć, 2⁰ Jean Sileckyj, professeur
à l'Ecole normale, 3⁰ le fils de ce dernier, 4⁰ le docteur Wasyl
Padokh avocat stagiaire, 5⁰ Alexandre Utrysko employé. La
patrouille polonaise — parmi laquelle se trouva le lieutenant
— vint les chercher et simulait les conduire chez le lieutenant
Pietchetski, les fusilla pendant la nuit dans la forêt; seul
Utrysko parvint à s'enfuir. Dans la suite le curé polonais
Jarek se vanta lui-même, c'est à lui que revient la "gloire!" de
cet assassinat.

2⁰ A **Bartatiw** (arrond. de Grodek), une patrouille ukrainienne
tomba aux mains des troupes polonaises. Le commandant de
cette patrouille, l'enseigne Kossar, fut premièrement battu jusqu'au
sang, puis transporté à Léopol (Lemberg) où sans plus de
préambule il fut fusillé par les légionnaires polonais.

3⁰ A **Basarynci** (arrond. de Zharaż), les soldats polonais
torturèrent le paysan Jean Tredla dans la poitrine et dans les
parties sexuelles, le frappèrent cruellement à coups de crosse,
lui mirent les fers, le traînèrent hors de sa maison, le conduisirent sur la route où enfin ils le fusillèrent. (Témoins oculaires
P. P., M. G. et C. J.)

4⁰ A **Bakonczyci,** près de Peremychl trois personnes du camp des prisonniers furent tellement maltraitées par les soldats polonais, qu'elles avaient les côtes brisées. Elles furent transportées à l'hôpital où deux jours après elles moururent dans les soufrances les plus atroces. (Témoins oculaires R. de R. et W. P.)

5⁰ A **Biloholowy** (arrond. de Zboriw), un soldat ukrainien ambulancier blessé légèrement et un volontaire d'un an de la compagnie "houtsoule furent" maltraités, pillés et ensuite tués par des soldats polonais. (Témoins R. P. et O. S.)

6⁰ A **Bortiatyn,** près de Sudowa Wysznia sur l'ordre du lieutenant polonais Ablamowitch les soldats polonais firent sortir de force le cultivateur Jean Chomiak de l'abri où il s'était caché par peur des bandes polonaises, le fusillèrent sans jugement et incendièrent sa maison. (Témoins oculaires K. L., K. R. et Kh.)

Sur l'ordre du même lieutenant les soldats polonais arrêtèrent un soldat ukrainien rapatrié qui arrivait du front françois et qui passait la nuit chez Pierre Boruszcziuk, la frappèrent à sang et le fusillèrent ensuite sans jugement. (Témoins oculaires M. B. et W. S.)

Au même village deux légionnaires polonais ont fusillé sans aucune raison le cultivateur Michel Pajkalo et cela devant sa maison. (Témoin P. P.)

De la même façon et dans le même village, trois soldats polonais ont, sans aucun motif, fusillé du dehors par la fenêtre Michel Sydor et ont ensuite incendié la maison. La victime laisse une femme et sept enfants en bas âge. (Témoins oculaires S. H. et M. H.)

En outre les soldats polonais ont fusillé dans ce même village deux paysans et quatre femmes. (Témoins W. de O.)

7⁰ A **Borislaw** (arrond. de Drohobycz), les Polonais tuèrent un nommé Alexandre Jouravél employé de la Société des pétroles "Galicia" ainsi qu'un nommé Alexis Kurysz de Schidnycia et cela sans motif. (Témoin W. S.)

8⁰ A **Buszkowyczi** (arrond. de Peremychl). Les soldats polonais fusillèrent d'une manière perfide quatre paysans ukrainiens qu'ils avaient placés d'abord en sentinelles sur la ligne du chemin de fer.

9⁰ A **Wypyski** (arrond. de Peremychlany), le 16 Juin 1919, les soldats polonais dévalisèrent les prisonniers ukrainiens et les frappèrent d'une façon tellement brutale que cinq d'entr'eux moururent sur place. (Témoin P. H.)

10⁰ A **Wilchowéc** les Polonais fusillèrent sans jugement le curé ukrainien Zatorskyj, un paysan, cinq femmes et un garçon. (Témoin Professeur H. B.)

11⁰ A **Woloszczyna** (arrond. de Bibrka). Les soldats polonais brutalisèrent d'une telle façon l'instituteur ukrainien Jean Käizanskyj, pendant son transport qu'il mourut bientôt des sept blessures qu'il avait reçues à la tête.

12⁰ A **Wodnyky** (arrond. de Bibrka) un légionnaire polonais de sa baïonnette perça les yeux au cultivateur Jacques Bodnar.

13⁰ A **Hanusiwci** (arrond. de Halycz) les soldats polonais fusillèrent deux paysans ukrainiens. (Témoin Ja.)

14⁰ A **Hajiwyzni** (arrond. de Drohobycz), les polonais fusillèrent un jeune homme de 23 ans.

15⁰ A **Hrabowa** (arrond. de Kaminka-Strumilowa) les soldats polonais ont tué le maire en le frappant, parce qu'il ne pouvait pas leur procurer le nombre d'attelages désirés.

16⁰ A **Hrymaliw** les Polonais ont enfermé le commandant Layer de l'armée ukrainienne ne lui donnant comme nourriture que du pain sec et de l'eau; le 9 Juin 1919 le fusillèrent sournoisement pendant le transport. La malheureuse victime fut fusillée par derrière, la balle l'atteignit à la nuque. (Témoins M. S. et O. B.)

17⁰ A **Dobriwlany** les soldats polonais ont fusillé en Septembre 1919, sans aucun motif le nommé Nicolas Korjak, âgé de 13 ans et ont défendu au prêtre de l'enterrer. (Témoins H. K., K. K. et S. de R.)

Dans le même village, les Polonais ont maltraité d'une telle façon les cultivateurs Antoine Krindratiw âgé de 57 ans et son fils âgé de 23 ans qu'ils moururent peu après de suites des mauvais traitements. Une femme Anne Slouzar également maltraitée par les Polonais est mourante.

18⁰ A **Dubrowa Jamne** (près de Nyżniw), les légionnaires polonais ont fusillé sans aucun motif le 15 Juin 1919 les cultivateurs Théodore Twerdochlib âgé de 48 ans et Basile Gréjak âgé de 27 ans et les dévalisèrent ensuite. Un jeune garçon y fut également blessé grièvement sans motif aucun.

19⁰ A **Dowżniw** (arrond. de Sokal), les soldats polonais tuèrent deux soldats ukrainiens qui blessés avaient été faits prisonniers.

20⁰ A **Drohobycz** les Polonais tuèrent sans enquête le sergent major Zusak de l'armée ukrainienne, né à Mraznycia. (Témoin D. M.)

21⁰ A **Dowhomostyska** (arrond. de Mostyska), les bandits polonais tuèrent sans raison aucune, fin Avril 1919 le cultivateur Paul Didukh âgé de 60 ans, la femme Cathérine Bidak âgé de 70 ans, Marie Smeïko âgé de 60 ans, Kozak âgé de 27 ans et encore trois autres personnes. (Témoins Ch. et F.)

22⁰ A **Dolyna** les soldats polonais fusillèrent dans la forêt de Bukowa sans enquête, le 24 Juin 1919 les citoyens ukrainiens: Joseph Boydunek, Vladimir Mazurkèwycz, Nicolas Freiiszyn, Ilko Freiiszyn. Ils conduisirent les malheureuses victimes en dehors de la ville, les placèrent sur un rang et les fusillèrent l'une après l'autre. (Témoins D. le maire de P. et K. M.)

23⁰ A **Zaricze** (arrond. de Bohorodczany), les soldats polonais emmenèrent dans la forêt un enseigne ukrainien, l'y fusillèrent sans préambule. Le corps de la victime fut trouvé par son frère qui l'enterra.

24⁰ A **Zabolotci** (arrond. de Brody) le 23 Juin 1919 huit soldats polonais descendant d'un train blindé tuent le curé du

village, l'abbé Sucharowskyj et blessent son serviteur. (Témoins
la famille du curé, K. H. et un juif.)

25⁰ A **Zbaraż** les soldats polonais ont brutalisé le nommé
Nicolas Ivaszkewycz, lui brisèrent les poignets, le frappèrent
à la tête et sur toutes les parties du corps, puis le 5 Juin 1919
ils le fusillèrent, dévalisèrent son père auquel ils prirent 34.000
couronnes. (Témoins P. L., Ié. L. et Ia. H.)

En outre, sur l'ordre du commandant polonais Krasitchenski
du 39ᵉ Rég. d'infanterie, les soldats polonais fusillèrent sans
jugement un grand nombre de prisonniers ukrainiens au château
de Zbaraż et juifs entr'autres Jacques Balin, Isaac Brunet, Léon
Fuchs, Joseph Brunet. (Témoins V. V., V. B., I. B., M. H. et
S. F.)

26⁰ A **Zolocziw,** les Polonais ont fusillé sans jugement
14 prisonniers ukrainiens et ont tué le cultivateur Pierre
Gortchakiwskyj. (Témoin M. P.)

27⁰ A **Koloméa.** Le 24 Mai 1919, les Polonais ont, de la
fenêtre de l'appartement du prêtre polonais, l'abbé Klous, professeur de religion, fusillé le lieutenant ukrainien Kulczyckyj.
Des soldats polonais ont tué en outre le même jour un officier,
un chauffeur et six soldats ukrainiens qui quittaient tranquille-
ment Koloméa que l'on évacuait pour les Roumains. Les Polonais ont en outre volé un auto chargé d'approvisionnements
divers, pillé le magasin de la société "Dnipro", et emporté
plusieurs wagons de sucre. Le capitaine P., le lieutenant M. et
le sous lieutenant K. ont vu l'abbé Klous tirer de sa fenêtre
sur les Ukrainiens et l'ont vu encourage les jeunes gens à
tirer.

28⁰ Près de **Kalusz** dans un village, les légionnaires
polonais ont fusillé une pauvre paysanne qui opposait de la
résistance aux soldats qui lui prenaient sa vache; puis ces "sans-
pitié" massacrèrent ses enfants à coups de crosse. (Témoin la
sœur de charité C. A.)

29⁰ A **Kilczyci** (arrond. de Sambir), les soldats polonais ont frappé 3 femmes à coups de sabre et les ont enterrées encore vivantes.

30⁰ A **Koblanska Wola** (arrond. Vieux Sambir). Le 19 Juin 1919 les soldats polonais ont forcé les habitants à rentrer dans leurs maisons et ont ensuite mis le feu aux quatre coins du village. Des soldats polonais postés aux coins des rues fusillaient tous ceux qui cherchaient à s'enfuir; 13 personnes et des enfants ont été tués de cette façon: 17 maisons ont été la proie des flammes. (Témoin D. Es.)

31⁰ A **Kwasenyna** (arrond. de Dobromil). De propos délibéré un gendarme polonais nommé Kita tire sur le cultivateur ukrainien Jean Maciej, le touche à la tête; puis de la crosse de son fusil lui donne le coup de grâce en disant. "Tu voulais avoir l'Ukraine, tu l'auras dans l'autre monde!" (Témoin P. M. actuellement à Oujhorod.)

32⁰ A **Knyhynyn-mista** (arrond. de Stanislaviw). Le nommé Grégoire Solovie demeurant à Polahna Bihun, fut conduit par les gendarmes polonais au bord de la rivière Bystryza; arrivés là ils le frappèrent à sang, le fusillèrent ensuite et le jetèrent à l'eau; le cadavre fut repêché à Uhornyki prés de Stanislaviw. (Témoins G. B., Iou Ja et H. H. de K.)

33⁰ A **Kernycia**, sur l'ordre qui leur fut donné par leur commandant, les soldats polonais firent sortir de sa maison un prisonnier ukrainien, juif d'origine mais qui servait dans l'armée ukrainienne comme enseigne, l'entourèrent et le transpercèrent de huit coups de baïonnettes. (Témoin M. Tch.)

34⁰ A **Kniażyj Mist** (arrond. de Mostyska). Sur l'ordre du lieutenant polonais Ablamowicz, les légionnaires polonais ont fusillé l'employé du chemin de fer Constantin Bercewyj, les cultivateurs Jean Chomiak, Jean Païtala et 4 prisonniers ukrainiens. Dans ce même village, les soldats polonais escortant prisonniers et internés tuèrent: 1) Etienne Tyndyk et sa femme Anastasie; 2) un soldat polonais tua dans sa maison le nommé Nicolas Stepaniak et ensuite Anastasia Benj, de deux coups de fusil; 3) ces bandits maltraitèrent si fort Marie Pomirko, âgée de 40 ans qui était enceinte, qu'elle avait le corps en lambeaux et en mourut cinq jours après.

35⁰ A **Krasne** (arrond. de Zolocziw), un soldat polonais jeta une grenade pendant le transport un de prisonniers, dans un wagon de prisonniers ukrainiens à mains. Elle fit explosion tue 3 prisonniers et blessa cinq autres.

36⁰ A **Korni** (arrond. de Rava-Ruska), pendant que les soldats polonais incendiaient le village, une femme son enfant dans les bras, sortit de sa maison et pria les soldats de ne pas y mettre le feu; un soldat tue l'enfant à coups de crosse, et blessa grièvement la mère à coups de baïonnettes. (Témoin B.)

37⁰ A **Koszlaky** (arrond. de Zbaraż), le 7 Juin 1919, les Polonais ont fusillé le nommé Nicolas Kresowatyj et pillé son père. (Témoins D. M. et J. T.)

38⁰ A **Kulparkiw** (arrond. de Léopol), les légionnaires polonais ont tué 4 ukrainiens prisonniers pendant le transport. (Témoin H.)

39⁰ A **Labie** (arrond. de Bibrka), les Polonais ont pendu une ukrainienne veuve ayant 7 enfants, et le chantre du village.

40⁰ A **Lapszyn** (arrond. de Bereżany), les Polonais ont fusillé le curé Zatorskyj, quatre paysans et un juif. (Témoin la. H.)

41⁰ A **Lukaweć** (arrond. de Sambir), les soldats polonais ont fusillé un jeune homme et lui enlevant vole 4,000 Couronnes.

42⁰ A **Lublyneć nowyj.** Le 20 Novembre 1918 les soldats polonais ont tué de 7 coups de baïonettes le sergent major ukrainien Georges Szermeta qui était sans défense. Ils forcèrent la sœur du murant à traverser le village en criant que à quiconque "voudrait l'Ukraine subirait la même oort"! (Témoin W. S.)

43⁰ A **Lubacziw,** les Polonais ont fusillé sans énquête ni raison 7 prisonniers ukrainiens.

44⁰ A **Léopol,** les troupes polonaises faisaient sortir un à un de la caserne, les prisonniers ukrainiens, les plaçaient au pied du mur et les fusillaient. Parmi eux se trouvait un jeune lycéen de Peremychl, Etienne Nehrebeckyj, fils du conseiller au tribunal. Les témoins O. N. de P., R. P. et S. Sem. virent comment les Polonais tuèrent un prisonnier ukrainien, membre de la Croix Rouge. Le témoin P. T. vit comment un soldat polonais tua de 3 coups de baïonette dans la poitrine un officier ukrainien blessé et qui ne pouvait se sauver. Au débarquement des prisonniers, deux soldats polonais saisirent par les mains l'enseigne ukrainien Kossar pendant qu'un troisième le mettait en joue en appuyant le canon sur la tête et le fusilla à bout portant. (Témoin J. H.)

En Janvier 1919 le tribunal militaire polonais à Léopol fit fusiller Michel Folys étudiant, fils de l'ancien députe et l'ouvrier Jeremicziuk sous prétexte d'espionnage. Le jugement fut exécuté, malgré qu'il fut impossible de prouver la culpabilité des accusés.

45° A **Mlynky zywkovi** près de Modrycz (arrond. de Drohobycz), les légionnaires polonais ont tué le paysan Michel *Lekh et sa femme après avoir pillé leur maison. De propos délibéré les légionnaires avaient enfermé leurs victimes dans une chambre où ils jetèrent ensuite une grenade par la fenêtre.* La raison de ce crime fut le suivant: les légionnaires prétendirent cherchez un nommé Pawlyszak qui s'était caché, et qu'ils ne trouvèrent pas. Une fausse dénonciation prétendait qu'il se tenait caché dans cette maison; mais la révision et les recherches en prouvèrent la fausseté. (Temoins M. L., W. W., M. S. et les documents judiciaires.)

46° A **Monastryska,** sur l'ordre de leur commandant, les soldats polonais arrêtèrent le 13 Juin 1919 le curé ukrainien l'abbé Zacharie Pidlacheckyj, âgé de 73 ans et son vicaire. Les deux victimes furent tyranisées et martyrisées de la façon la plus horrible. On leur versa de l'eau bouillante sur la tête et on les frappa si cruellement à coups de crosse à la tête qu'on leur brisa le crâne et que la cervelle en jaillissait. Mourant on leur donna le coup de grâce en les fusillant. Ce crime fut commis comme acte de vengeance parce que le fils du curé servait dans l'armée ukrainienne. (Témoins M. P., T. M., A. D., O. P. de plus le protocole d'exhumation et les actes judiciaires.)

47° A **Markowa,** les légionnaires polonais ont fusillé sans enquête Grégoire Wrublowskyj maire de la commune ; vieillard de 70 ans. (Témoin H. K.)

48° A **Mylatyn** (arrond. de Kaminka), les soldats polonais ont assommé Michel Kolodka soldat du service sanitaire, légèrement blessé à la main. (Témoin W. S.)

49° A **Nakoneczne** (arrond. de Javoriw), les Polonais ont brûlé vivantes cinq personnes en les enfermant dans une grange où ils mirent ensuite le feu ; un nommé Etienne Charchalis eut la vie sauve au prix de 1,000 couronnes.

50° A **Nahujewyczi** (arrond. de Drohobycz), les légionnaires polonais rassemblèrent tous les enfants du village, les renfermèrent dans le clocher en bois, qu'ils entourèrent ensuite de paille et y mirent le feu. *Au loin on entendait les cris et les pleurs des enfants.* Quelques uns parvinrent à se sauver de ce *brasier et se mirent à courir. Les légionnaires polonais tirèrent* sur se pauvres victimes portant des brûlures mortelles et tuèrent *ainsi encore deux enfants.* (Témoins M. S., V. W. et M.)

Au même village, les légionnaires polonais frappèrent à sang le cultivateur Holowka de Jasenyca ; il parvint à s'échapper de leurs mains alors les légionnaires tirèrent sur lui et le tuèrent sur place.

51° A **Nyżniw** (arrond. de Towmacz), les Polonais ont fusillé sans aucun motif et sans jugement douze cultivateurs ukrainiens. (Témoin S.)

52° A **Ostalowyczi** (arrond. de Peremychlany), à la fin du mois de Juin 1919 les Polonais tuèrent Jean Goural âgé de 23 ans demeurant à Korenyczi, Michel Wreczona âgé de 30 ans demeurant à Wynnyky, Hilarie Trembatch âgé de 45 ans demeurant à Skalat et un fossoyeur de Dussaniw qui était occupé à creuser la tombe de N. Sumer de Korelyczi. Les Polonais ordonnèrent

aux victimes de se coucher et sans aucun motif et sans jugement, les tuèrent en leur tirant une balle dans la tête.

53⁰ Près de **Olijw,** les légionnaires polonais tirant dans
la poitrine tuèrent le 22 Juillet 1919, trois soldats ukrainiens
qui étaient blessés. (Témoin M. F.)

54⁰ A **Peremychl,** le sous-officier de gendarmerie polonaise
Bronislas Stoijowski tua le lieutenant ukrainien Siméon Szkre-
metka prisonnier de guerre, pendant qu'il l'escortait au tribunal
militaire. L'autopsie a démontré les traces d'une blessure
occasionnée dans le dos par un coup de feu tiré à faible
distance. (Témoins Ia. et F. B.)

Au camp d'internement de Peremychl, les soldats polonais
ont torturé un prisonnier ukrainien qu'il en est mort. Ce
meurtre fut accompli en Juillet 1919.

55⁰ A **Pykulyczi** (arrond. de Peremychl), le 10 Juillet 1919
les soldats polonais ont tué les prisonniers ukrainiens, lieutenant
Sitalewycz, Malmay et un autre prisonnier de la Grande Ukraine,
sans enquête et tout simplement parce que ces hommes, à titre
de délégués des prisonniers ukrainiens, avaient osé se plaindre
de la mauvaise nourriture auprès du commandant du camp.

Plus tard 10 prisonniers ukrainiens dont 8 de la Grande
Ukraine et 2 de la Galicie furent tués sans motif et sans
jugement.

56⁰ A **Pobereże** (arrond. de Stanislaviw), les soldats polonais ont tué de la façon la plus bestiale, et leur ouvrant le
ventre et jetant les intestins qu'ils leur avaient coupés, les
cultivateurs Jean Bilan et Eustache Matij. (Témoins P. M.,
O. L. et P. B.)

57⁰ A **Poruczyn** (arrond. de Bereżany), la polonaise
Wanda Bilinska fit tuer son domestique ukrainien âgé de 16 ans.
On trouva le corps de la victime, criblé de coups de baïonnettes
à la tête et à la poitrine et les bras cassés à Dryszcziw, village voisin. (Témoin Ja. H.)

58⁰ A **Rava Ruska** les légionnaires polonais ont tellement

brutalisé les prisonniers dans le palais de justice qu'un est
mort sous les coups tandisqu'un autre a dût être transporté
grièvement blessé à l'hôpital. (Témoins K., P. O., T. et d'autres.)

59⁰ A **Radynyczi** (arrond. de Mostyska), les légionnaires
polonais incendièrent le village et tirèrent sur les paysans qui
cherchaient à s'enfuir; ils ont tué de la sorte 8 personnes, la
plupart des femmes et des enfants; les noms de victimes nous
sont connus. (Témoin Ia. R.)

Un gendarme polonais á frappé d'une telle façon le nommé
Basile Wozniak âgé de 16 ans qu'il a dût être transporté mourant
à l'hôpital de Wadowice où il mourut.

En même village deux autres jeunes gens furent tellement
brutalisés qu'un en mourut bientôt et que l'autre et mourant.

Ajoutons que le commandant de gendarmerie de l'endroit
a donné à ses hommes l'ordre de "b r i s e r l e o s", à chaque
ukrainien qu'ils arrêteraient.

60⁰ A **Rohatyn** les gendarmes polonais arrêtèrent l'abbé Paul
Koudrek, le traînèrent d'un endroit à l'autre en le menaçant de
le fusiller. L'abbé Koudrek succomba de frayeur à la suite
d'une apoplexie du cœur.

61⁰ A **Sileć** (arrond. de Sambir), le cultivateur Hilaire
Baziuk est mort des blessures provenant des coups dont il
fut frappé par les légionnaires polonais.

62⁰ A **Selyska** (arrond. de Peremychl), les soldats polonais
tuèrent le jeune Etienne Hawdja âgé de 6 ans.

Les soldats polonais tuèrent à coups de révolver les deux
officiers ukrainiens Bii et Filts qui dormaient dans une chaumière; les deux officiers n'avaient pas d'armes et quoiqu'ils se
rendirent ils furent tués. Un d'eux le lieutenant Filts a reçu
5 balles dans le dos, ce qui à été prouvé lors de l'autopsie.
(Témoins Jar. et F. W. de P.)

Le 17 Juillet 1919 le cultivateur Jean Tymcsan fut arrêté et conduit au poste de gendarmerie polonaise. Là il y fut tellement
maltraité qu'il mourut deux jours après à l'hôpital de Peremychl.

63° A **Slobidka Lisna** (arrond. de Koloméa). En Juin 1919 les soldats polonais de la division du général Zeligowski ont massacré environ 28 familles ukrainiennes et juives et ont tué 4 étudiants les nommés Rosenberg, Bal, Presser et Zloczover dans l'école d'agriculture. Ces faits ont été constatés par la commission internationale.

64° A **Sokal,** aussitôt après leur entrée dans cette ville les troupes polonaises tuèrent sans jugement le nommé Demczuk, vieillard âgé de 70 ans, ainsi que deux paysans qui se trouvaient dans son jardin et le nommé Dragan organisateur de l'arrondissement. (Témoin J. J.)

65° A **Solotwyna** dans la forêt située entre les villages de **Pryslop** et **Slywok** les soldats polonais massacrèrent d'une façon bestiale l'enseigne ukrainien Douczyszyn qu'ils escortaient. Le gendarme Michalski refusa aux parents de la victime d'enterrer le corps.

66° A **Stanislawiw** les légionnaires polonais ont traîné les malades de l'hôpital, et les frappèrent. A cette occasion un polonais nommé Wein et une polonaise Brikcziska tuèrent de deux coups de révolver un sergent ukrainien. (Témoins G. et K. K.)

67° A **Stryj** le 22 Mai 1919 une patrouille polonaise arrêta, sous prétexte qu'il devait être interné à Cracovie, l'abbé Ostap Niżankowskyi, curé de Zawadiw, patriote ukrainien bien connu, compositeur et vice-maréchal de l'arrondissement de Stryj. Les soldats le conduisirent dans un champ, lui ordonnèrent de s'agenouiller et lui criant "Priez pope" le fusilèrent sans plus de façon. Son corps fut abandonné dans le champ.

Là encore les légionnaires polonais brutalisèrent de telle façon le lieutenant ukrainien Joseph Winkler prisonnier de guerre, qu'ils le transportèrent mourant à Stanislaviw où il fut fusillé.

68° A **Stryhanci** les troupes polonaises fusillèrent sans enquête préalable 4 paysans ukrainiens et un juif.

A **Poruczyn,** ils étranglèrent le domestique de la maîtresse d'école, garçon de 16 ans. (Témoin Ja. H).

69º A **Sudowa Wysznia** le lieutenant Ablamowicz donna, sans avoir fait aucune enquête, l'ordre de fusiller l'ancien employé du télégraphe Jean Soltis; l'ordre fut immédiatement exécuté et les soldats polonais incendièrent la maison des parents de la victime à zaritch.

70º A **Schidnycia** les Polonais fusillèrent de deux balles l'une au front, l'autre à la nuque le lieutenant Czuszak prisonnier de guerre. Ce meurtre fut accompli, sans aucune enquête, devant la maison de Mr. Pidpytcherskyj. (Témoin D. M. en plus le protocole d'inspection pris sur les lieux.)

Le conseiller municipal à Schidnycia Alexandre Dzoubak s'enfuit de crainte des gendarmes polonais et se cacha. Les légionnaires polonais en faisant la recherche procédèrent à une révision de sa maison, pillèrent tout et emmenèrent le bétail. Sa fille fut traînée au milieu de la cour, mise à nu et ils la frappèrent d'horrible façon. Puis les légionnaires menacaient de bruler la maison si Dzoubak ne se présentait pas. Afin de sauver sa famille Dzoubak alla se présenter au commandant — d'autant plus que jamais il ne se rendit coupable de quelque chose et croyait que les Polonais se contenteront du pillage de ses biens. Mais les légionnaires ne se contentèrent pas et le frappèrent jusqu'au sang qu'il perdit connaissance. Ensuit il fut conduit à l'hôpital où il ne tarda pas à mourir au milieu des plus horribles souffrances. (Témoin J. L.)

71º A **Terpiliwka** (arrond. de Zbaraż), les Polonais après avoir brutalisé de la plus horrible manière, le 8 Juin 1919, le cultivateur Siméon Jaworskyj, le fusillèrent. (Témoin Ia. Ia.)

72º A **Uhryniw** (arrond. de Sokal), les légionnaires polonais ont assommé plusieurs paysans, parmi lesquels Théodore Kroutij, André Fedyszyn etc. (Témoin K.)

73º A **Ulucz** (arrond. de Bereziw), les Polonais fusillèrent sans enquête plusieurs paysans et le jeune Wlascwycz, lycéen âgé de 14 ans.

74⁰ A **Chorostkiw** les Polonais tuèrent le 4 Juin 1919 d'un coup de feu tiré dans le ventre, la nommée Rosalie Géorgue, femme d'un officier ukrainien. La victime était encainte.

75⁰ A **Czercze** (arrond. de Rohatyn), les Polonais fusillèrent le 24 Juin 1919 sans raison ni enquête préalable le cultivateur André Kosmyna.

76⁰ A **Czerniawa** (arrond. de Mostyska), pendant un armistice entre les troupes polonaises et ukrainiennes à la fin du février 1919 le village fut assailli par les troupes polonaises du train blindé No. 3. Ces troupes volèrent et pillèrent presque toutes les maisons et fusillèrent plusieurs personnes. C'est ainsi que furent tuées les nommées Marie Wasio âgée de 58 ans, Marie Tropiak âgée de 56 ans. Les soldats tirèrent sur la femme Cathérine Farion qui était en couches et qui fut blessée grièvement. Prés la même date, le 13 Mars 1919 des uhlans du 5e régiment polonais fusillèrent le cultivateur Michel Onyszko, vieillard âgé de 70 ans. (Témoins Ch. et F.)

77⁰ A **Towsteńke.** Sans en connaître la raison un détachement polonais fusilla 3 paysans ukrainiens. Un des trois, le nommé Prokopowycz eut d'abord les mains liées et pendant qu'on lui bandait les yeux, un soldat polonais lui dit à l'oreille de s'évader, car, dit-il, on veut vous fusiller. Le malheureux, les yeux bandés, se mit à courir et alla tomber dans un champ de blé où les Polonais ne tardèrent pas à le rejoindre et le tuèrent. Son corps fut déchiré en lambeaux. Ensuite les soldats allèrent chercher son père et le fusillèrent sans plus de façon.

78⁰ A **Szydliwci** et à **Wasylkiw** (arrond. de Hussiatyn), des détachements polonais fusillèrent 4 cultivateurs ukrainiens, deux de chaque village. De ce dernier un nommé Grégoire Sakiwskyj fut fusillé parce qu'il retira un fusil de la rivière et qu'il remit aux Polonais. L'autre fut fusillé parce qu'auparavant il avait servi à Kopyczynci comme sentinelle auprès des prisonniers polonais.

79⁰ A **Czornokinci** (arrond. de Hussiatyn), les soldats polonais fusillèrent 3 cultivateurs ukrainiens et un juif nommé Fink. Ce dernier fut fusillé parce que ses deux fils servent dans l'armée ukrainienne. On lui coupa les doigts et on lui déboita les deux bras. Ces n'est qu'après une semaine d'horribles souffrances que les Polonais le fusillèrent.

80⁰ A **Czernychiwci** (arrond. de Zbaraż), les soldats polonais fusillèrent, sans motif et sans enquête le 3 Juin 1919 un garçon de 17 ans du nom de Basile Bednar. (Témoins P. K. et M. W.)

81⁰ A **Szczawne** (arrond. de Turka), des légionnaires polonais frappèrent à mort deux gendarmes ukrainiens, les nommés Kourka et Louter. Ensuite 3 autres gendarmes dans le village de Komańcza, les nommés Szczurowskyj, Fusztej et Théodore Czura. Ce dernier encore agonisant fut piétiné et frappé à coups de pieds au visage et sur tout le corps. Le village entier fut ensuite pillé.

82⁰ A **Jézupol** (arrond. de Stanisławiw), les légionnaires polonais firent pendre 16 cultivateurs ukrainiens sans aucune enquête.

83⁰ A **Jaworiw** le lieutenant polonais Ablamowicz, déjà cité, fit fusiller l'enseigne Jean Szczurba et deux soldats ukrainiens blessés, tous trois prisonniers. (Témoins D. P.)

84⁰ A **Nysmyczi** (arrond. de Sokal). Dans une et même maison les soldats polonais tuèrent un soldat ukrainien blessé le nommé Demczuk, le cultivateur Léon Besyk âgé de 70 ans, Cathérine Tywoniuk et Paul Périkh auxquels ils crevèrent d'abord les yeux. En outre le nommé Timothé Sédényk fut grièvement maltraité. (Témoins A. F., P. M., T. G., A. P., S. V., T. S., Jo. K. et P. A.)

85⁰ Auprés de **Dobromil** un détachement de cavalerie polonaise cerna 18 soldats ukrainiens prisonniers, tira une salve sur eux, en tua 15 et un fut blessée grièvement. (Témoin J. B.)

86° Dans la forêt de **Posada Horiszna** les soldats polonais arrêtèrent un jeune garçon de 17 ans nommé Georges Terebuch et le tuèrent d'une façon bestiale. Ils lui coupèrent la langue, le nez et les oreilles, lui crevèrent les yeux, l'escalpèrent lui arrachant la peau de la tête. Le pauvre garçon mourut dans des douleurs atroces. Pour donner un exemple, le cadavre fut "exposé" pendant 3 jours dans la mortuaire. (Témoin O. D.)

En outre, l'agent de police Lesyk qui était resté dans le village auprès de sa vieille mère qu'il ne voulait pas abandonner fut fusillé sans aucun motif par les soldats polonais.

II. Détentions — Internements — Mauvais traitements — Camps d'internés et de prisonniers de guerre.

Exterminer complétement la classe intellectuelle ukrainienne et les paysans les plus instruits!

Ruiner matériellement et pécuniairement la classe intellectuelle!

Rendre inoffensive toute action des Ukrainiens devant la puissance du chauvinisme polonais dans leur œuvre de colonisations polonaise!

Tels sont les buts prémédités que poursuivent les agents tout civils que militaires du gouvernement polonais. La gendarmerie, la police aussi bien que la soldatesque polonaise mi-sauvage les aident et mettent tout en œuvre pour y arriver!

Dans ce but les commandants polonais, la gendarmerie, les autorités civiles prescrivent des détentions en masses. Ces pauvres détenus et internés sont traités plus horriblement que ne le sont les assassins et bandits. Que de fois ces détenus ont été maltraités si cruellement que d'aucuns en sont morts et que d'autres sont devenus infirmes pour toute leur vie. On les détient entassés pendant des mois entiers dans des casernes humides, sombres et malpropos exposés à la faim et au froid, sans se soucier ni de leur âge ni de leur position sociale. Des villages entiers sont massacreés, les habitants sont martyrisés à coups de nahaïka (sorte de martinet russe muni de lanières de cuir) à coups de bâtons et de fouets en fils de fer; ils sont sans pudeur devant les femmes; les viols de femmes et de jeunes filles par la soldatesque sauvage sont tolérés.

Le commandant supérieur de l'armée polonaise fait savoir
officiellement au commandant de l'armée ukrainienne que toute
la classe intellectuelle ukrainienne sera évacuée et internée
comme ôtage et garantie de la vie des Polonais restés en territoire ukrainien. Depuis le mois de Juillet 1919 malgré que
l'armée polonaise a occupé toute la Galicie ce moyen de pré-
vention est toujours en vigueur et c'est par milliers que les
Polonais retiennent les détenus ukrainiens dans les prisons et dans
les camps d'internement. Presque toute la classe intellectuelle
ukrainienne est emprisonnée ou internée ; ils n'ont pu s'y soustraire
que ceux qui durent leur salut à la fuite. On arrêta également
beaucoup d'ouvriers, d'artisans, de commerçants, de cultivateurs
instruits ainsi que beaucoup de juifs que l'on soupçonnait
sympathiques aux ukrainiens.

Le nombre total des internés et prisonniers s'élève environ
à 100,000. Dans ce nombre ne sont pas compris tous ceux
qui ont été mis en liberté, ceux qui ont réussi à s'enfuir, ainsi
que ceux qui des suites de leurs souffrances moururent dans
les prisons polonaises. Ajoutez à ce nombre toutes les personnes qui ont été confinées, dont le total s'élève à plusieurs
milliers. Par exemple dans le canton de Bibrka il y eut plus
de 200 ukrainiens d'internés qui n'avaient pas le droit de
quitter leur village. Tout le pays sait très bien que chaque
patriote ukrainien qui n'a pu se sauver à temps fut arrêté et
interné par les Polonais. (Plus de 10,000 Ukrainiens passèrent
le Zbrucz et trouvèrent asile et protection soit dans la Grande
Ukraine, en Roumanie, en Tchéco Slovaquie et en Autriche.)
Les Polonais internérent des ukrainiens ayant une position
sociale très élevée dans la vie sociale ou politique, des
députés, des savants, des professeurs d'université, des directeurs de lycées et d'établissements d'enseignement secondaire,
des professeurs, des instituteurs, des avocats, des notaires,
des médecins, des ingénieurs, des employés de l'Etat, des
prélats, des curés des professeurs de religion, des moines,

des directeurs d'institutions diverses, même des femmes des maîtresses d'école, des jeunes filles, des vieillards septuagénaires, des invalides et des enfants.

Citons quelques noms de personnes innocentes qui furent internées sans aucun motif, en faisant remarquer ici que plusieurs s o n t e n c o r e e n p r i s o n depuis le mois de Novembre 1918:

1. Le Dr. Cyrille Studynski, professeur à l'université, le Dr. Vladimir Ochrymowitch, avocat et directeur de la Société d'assurance "Dnister" le docteur Léon Hankèwycz. Tous les trois ils avaient été reconnues comme délégués officiels des Ukrainiens à Léopol, à la suite d'un accord conclu entre Polonais et Ukrainiens. Ils furent internés parcequ'ils voulaient porter à la connaissance d'une mission de l'Entente les atrocités que les Polonais exerçaient sui la population ukrainienne.

2⁰ Les anciens députés au parlement et à la diète d'Autriche:

Le Dr. Vladimir Zahajkewycz depuis le 11 Novembre 1918; le Dr. Vladimir Baczynskyj, avokat; le Dr. Jean Kouraveć, médecin; l'abbé Etienne Onyskèvycz; Grégoire Terszakoveć grand propriétaire; Vlatseslàw Budzinowsky (dépuis liberé); Léon Lewicky, conseiller à la cour de justice; le Dr. Théophile Kormosz, avocat; Jean Kyvéliuk conseiller et membre d e l a c o m m i s s i o n d e l a d i è t e.

3⁰ Prés de 1,000 prêtres furent internés et ce n'est qu'au mois d'aout 1919 que quelques'uns furent libérés, mais immédiatement confinés. P. ex. beaucoup de curés et 46 moines du diocèse de Peremychl de l'ordre de St. Basile le Grand. Les Polonais internèrent des prélats, des chanoines, capitulaires et titulaires des conseillers du consistoire, des doyens, des professeurs de religion, des curés etc. dont voici quelques noms. T. R. Bohatchewsky, chanoine capitulaire de Peremychl, l'abbé Berezowsky, conseiller du consistoire âgé de 90 ans, l'abbé M. Cehelskyj âgé de 73 ans conseiller du consistoire; l'abbé Fr. Rabij, conseiller du consistoire et doyen; l'abbé Emile

Pohoreckyj conseiller du consistoire, chambellan du Pape et ancien député au parlement autrichien; le conseiller du consistoire l'abbé Hoszowskyj; les PP. MM. Pétryk, Wynnytsky doyen et conseiller du consistoire, Pelech, Pétrycky, Korol, Szczerbaniuk, Jurtczynskyj, Moroz, le doyen Kossonotski, etc.

4⁰ Parmi les avocats arrêtés, nous citerons les docteurs en droit: Starosolskyj, Sekela, Ardan, Stanko, Kobyleckyj, Woloszyn, Kalytowskyj, Band, Worobeć, Sanockyj, A. Czaykiwsky, etc.

5⁰ Les ingénieurs W. Maliszewsky, Szekhowycz, Patslawskyj.

6⁰ Les médecins Owtcharskyj, Hwozdetsky, Petrouchewycz, Tresniowsky, Kuroweć, Sinkewycz, Safian, etc.

7⁰ Des centaines d'employés, de directeurs, de professeurs, d'employés secondaires, de domestiques parmi lesquels nous nommerons: les conseillers de la Cour de Justice et juges N. Stefanowycz Kolodij, Szechowycz, Ustianowycz, A. Krisa, Dr. Nasada; les directeurs de lycées A. Jarema et A. Sabat, J. Bilinsky; M. Marko employé de la caisse d'épargne; Żukowskyj inspecteur de la coopérative; Zahajkewycz réviseur des chemins de fer; Stefanyszyn official; Dr. N. Sabat directeur de lycée; Mouryn directeur d'école; l'abbé Nawrotskyj inspecteur d'école; Léon Szczybra professeur de lycée, et bien d'autres encore.

8⁰ Beaucoup de dames et d'enfants parmi lesquels nous citerons: Kozanewytch, épouse du secrétaire d'Etat; Kalnovytch épouse d'un ingenieur, Niżankowska, Kryskowa, Drozdowska, Mychaletska, avec son mari (les enfants mineurs avaient été laissés à la maison sans qu'il n'y eut quelqu'un qui s'occupât deux); Anastasie Widyj qui fut enfermée avec son bébé de 6 semaines dans la prison de Brygidki; Anastasie Zwir avec son fils âgé de 5 ans; Anne Zelèna avec 6 enfants en bas âgé; Staruchova, épouse du député et beaucoup d'autres femmes avec des enfants de 2 à 10 ans.

Quelques uns de ces internés ont été depuis remis en liberté, et pour les remplacer, les Polonais ont fait de nouvelles arrestations et interné de nouvelles personnes, malgré qu'ils aient occupé toute la Galicie. Par exemple lorsque, grâce à l'intervention de la mission de l'Entente, les Polonais furent obligés de remettre en liberté une ou plusieurs personnes aussitôt après ils en arrêtèrent le double, et souvent même la personne remise en liberté fut arrêtée et internée de nouveau. Ci après quelques exemples.

L'abbé P. Karpinskyj de Ostrywec, Lopatynskyj, l'institutrice Obuhowska de Strusiw furent arrêtés le 1er Septembre 1919, internés et conduits en prison; le 6 Septembre 1919 l'abbé Mochnackyj de Trembovla; le 10 Septembre 1919 l'abbé Durbak, Blakatka, Kasztan, Lutckiw, l'abbé Wolanskyj, le conseiller de la Cour Czerniawskyj, le professeur Czajkiwskyj et W. Witwitskyj de Kolomea. Les curés Mochnackyj, Wolanskyj, Wynyckyj, Prots, le professeur Gdula furent arrêtés et conduits à la prison du tribunal de guerre D. O. I. Plus de 100 Ukrainien et 27 juifs sont enfermés dans la prison du tribunal de Czortkiw. Les abbés M. Barycko, Pryjma, Olinyk sont enfermés à Léopol près du tribunal de guerre. Le 20 Septembre 1919 les Polonais arrêtent Melle Z. Oleskiwna déléguée de la Croix Rouge ukrainienne et l'enferment à la prison de Léopol. Chtcherbatiouk conseiller au tribunal eut le même sort à Sambir quoiqu'il fut alité et gravement malade. W. Sileckyj directeur d'école, âgé de 80 ans, le docteur R. Skibinskyj, les professeurs T. Zaleskyj et Maryniak furent également arrêtés; le docteur W. Lewickyj confiné pour la deuxième fois. Le 17 Septembre 1919, 115 Ukrainiens d'Husiatyn et plus de 200 de l'arrondissement de Bibrka furent conduits à Brygidki, la fameuse prison de Léopol pour les criminels les plus dangereux.

Afin de donner le moindre semblant de vérité à ces arrestations, internements et emprisonnements, et pour en cacher le vrai but, les commandants militaires, la gendarmerie et la police polonaise ordonnent, pour un motif quelconque, des perquisitions domiciliaires chez les sujets ukrainiens et dans les institutions ukrainiennes. Souvent rien que des officiers ou de simples soldats font ces perquisitions. Elles sont faites souvent de la façon la plus brutale, ne sont pour les Polonais qu'un prétexte pour injurier, menacer, taquiner et maltraiter les personnes. Les victimes de ces violences brutales ont très souvent encore à supporter la perte d'objets les meilleurs, les plus précieux et les plus nécessaires qui leur sont confisqués soit ouvertement, soit sous le prétexte de la requisition, souvent aussi d'une façon secrète en d'autres mots volés de la façon la plus ignoble.

Ces réquisitions sont faites dans les maisons, les institutions ou sociétés ukrainiennes de préférence à Léopol, Peremychl, Stanislaw, Ternopil et dans beaucoup d'autres villes ou villages de la Galicie sans égard si c'est un appartement privé, une école, une église, une institution publique, un pensionat d'enfants ou de filles. Il arriva même que les Polonais firent plus de 20 fois des réquisitions dans la même place; par exemple ils perquisitionnèrent 32 fois dans la "Stawropignia" institution à Leopol, 35 fois dans les bureaux de rédaction du "Wpered" et 20 fois dans celle du "Dnyster". Les maisons particulières ne sont pas plus épargnées.

Les menaces, les mauvais traitements qui ont subi les Ukrainiens, les bouges dans lesquels les Ukrainiens de la Galicie orientale sont obligés de vivre actuellement, sont indescriptibles. Aucun homme intelligent ne peut s'imaginer que chose pareille se passe en plein XXième siècle, à un moment où on veut développer et affermir les idées démocratiques et libérales.

Nous ne citerons ici que quelques exemples de ces cruautés atroces, de ces tourments tant corporels que spirituels, de ces mauvais traitements qui ne cessent de se renouveler, et que le

peuple ukrainien est obligé de supporter sous le joug des
"Pacificateurs polonais".

1° A **Babyn** (arrond. de Sambir), les soldats polonais
maltraitèrent le nommé Théodore Towarnicky, le traînèrent
ensuite dans la rue, où il fut attaché par les pieds, pendu la
tête en bas et frappé à coups de crosse à ce point qu'il en
est tombé mortellement malade. Dans le même village les soldats
polonais avec leurs officiers ont réuni dans l'école des paysans
âgés, des garçons et des enfants puis les ont battus à coups
de bâton, injuriés et leur ont craché au visage; ensuite les
polonais emmenèrent 18 vieillards comme otages. Les enfants
ne furent pas épargnés, le petit S. Petryk fut frappé au visage.
Sans aucun motif.

2° A **Bereżany** eut lieu le 6 Septembre 1919, avec l'autorisation du préfet et en présence du commissaire de l'arrondissement, la première séance du comité ukrainien organisé dans
le but de secourir les victimes de la guerre. Après la séance,
les gendarmes polonais arrêtèrent tous les assistants, dont les
$^3/_4$ étaient des dames, les conduisirent à la caserne de la gendarmerie, les y enfermèrent pendant trois heures et enfin les
relâchèrent, leur remettant une carte leur renseignant qu'ils étaient
tous confinés.

3° A **Wiktoriw** (arrond. de Stanislawiw), le chantre Nicolas
Samyga fut si maltraité par les légionnaires polonais qu'il tomba
malade et dut s'aliter pendant plusieurs semaines.

4° A **Wynnyki** (arrond. de Léopol), les Polonais arrêtèrent
le curé du village, le chanoine Hirniak, lui lièrent les pieds et
les mains et le jetèrent dans une charrette; puis le conduisirent
en prison où il fut ensuite interné. Les soldats violèrent dans
ce village les jeunes filles ukrainiennes de la classe intellectuelle,
à moins qu'elles ne réussirent à se racheter! Le prix de la
rançon était fixé à 5000 Couronnes.

5° A **Hanewyczi** les soldats polonais lièrent aux enfants
les mains, les conduisirent, comme un troupeau dans une

prairie, paître et les pourchassèrent ensuite à la rivière où ils durent boire comme les bêtes à l'abreuvoir.

6⁰ A **Hrabyszyn** (arrond. de Dobromil), le maire fut condamne à 150 coups de fouet russe qu'il subit dans l'espace de 3 semaines. (Témoin G.)

7⁰ A **Horodok** le 26 Juin 1919 les soldats polonais dépouilèrent complètement 27 prisonniers ukrainiens, leur enlevèrent leurs manteaux, leurs vestes, leurs pantalons et leurs chaussures et 7,000 Couronnes qu'ils avaient. Ensuite ils les chassèrent devant eux en mettant leurs chevaux au trot et les frappant à coups de fouet russe. (Témoin T. S.)

8⁰ A **Wyslok welykyj** (arrond. de Turka), le 24 Janvier 1919 les légionnaires polonais cernèrent le village pendant la nuit; se divisèrent en trois groupes de 100 hommes, et ouvrirent le feu avec des mitrailleuses ce qui naturellement occasionna une grande panique parmi les habitants. Plusieurs de ces derniers furent tués et beaucoup furent blessés, entr'autre Grégoire Sédomora et sa servante. Le premier fut en outre interné. L'abbé Szpylka fut également interné et sa maison et l'église furent pillées et mises à sac.

9⁰ A **Haji wyżni** (arrond. de Drohobycz), les Polonais frappèrent et internèrent presque tous les hommes du village.

10⁰ A **Hryniwczi** des patrouilles polonaises maltraitèrent de la façon la plus atroce, et sans aucun motif, le nommé Pierre Hlodzak.

11⁰ A **Hryniw** (arrond. de Bibrka), les soldats polonais maltraitèrent la paysanne Madeleine Goula qui était enceinte. Ils la frappèrent à coup de crosse dans le ventre de telle façon qu'elle tomba sans connaissance et accoucha d'un enfant mort né. Le cadavre de l'enfant avait le crâne brisé et était couvert de taches bleues, preuves des coups.

12⁰ A **Doliszna Posada** (arrond. de Stary Sambir). Les légionnaires coupèrent les mains et crevèrent les yeux à un petit garçon, prétextant qu'on leur avait dénoncé l'avoir vu dans la forêt faisant feu sur eux.

13⁰ A **Dobrywlany** les soldats polonais frappèrent si forte-
ment la femme Anne Slouzar qu'elle en fut mortellement malade.

14⁰ A **Drohobycz** une patrouille polonaise arrêta une
femme enceinte, Olga Kreskowa, femme d'un grand propriètaire.
Elle fut conduite à travers la ville, insultée et frappée à coups
de crosse et de fouet par les soldats. Ensuite on l'enferma au
1ᵉʳ étage dans une chambre de la gendarmerie où des officiers
polonais voulaient la violer. De désespoir et voulant sauver son
honneur elle sauta par la fenêtre du premier étage. En tombant
elle se cassa la jambe. Quoiqu'elle fut dans ce malheureux
état, les gendarmes polonais s'acharnèrent sur elle, la frappèrent
et l'injurèrent en lui criant "Leve-toi, prostituée, l'as-tu maintenant ton l'Ukraine." Ensuite ils l'entrainèrent de nouveau dans
la gendarmerie. (Témoins J. W. et S. Kh.)

15⁰ A **Zabcze murowane** (arrond. de Sokal), les soldats
polonais conduisirent l'abbé Houdek et plusieurs cultivateurs
vers Belz, comme une troupe d'animaux. En route les gens de
l'escorte les maltraitèrent de telle façon que l'abbé Houdek
arriva à Belz avec une grande blessure à la tête. (Témoins
H. et un cultivateur de Z.)

16⁰ A **Zboriw** le 7 Juin 1919 les soldats polonais arrêtèrent
Alexandre Bahrie employé de banque, le conduisirent où se
trouvaient déjà 55 hommes prisonniers et internés. Ils dévalisèrent complètement ceux-ci et les ménèrent ensuite à Zolocziw
en les maltraitant, les frappant à coups de crosse et les injuriant.
Parmi eux se trouvaient des vieillards de 60 ans.

17⁰ A **Zolocziw** les Polonais massacrèrent d'une façon barbare
trois prisonniers de guerre ukrainiens ; quatorze autres furent fusillés.

18⁰ Près de **Ternopil**, à la gare de Ostriw, 10 prisonniers
de guerre ukrainiens furent mis sur un rang, arrosés de benzine
à laquelle on mit le feu. Deux d'entr'eux sont morts sur place
dans des souffrances les plus atroces des suites des brûlures
et les huit autres furent transportés à l'hôpital dans un état
indescriptible. (Témoin J. H.)

18°*a* A **Kolomea**. Le 23 Mai 1919, après que les troupes *ukrainiennes se furent retirées, et avant que les troupes roumaines eurent pris possession de la ville*, la milice polonaise prirent en mains l'administration, arrêtèrent des sujets ukrainiens et firent des perquisitions domiciliaires au nom de la République polonaise. C'est ainsi que furent arrêtés le général Dr. Okopenko chef de la mission de la Croix Rouge, son secrétaire le Dr. Maritczak, le commandant de l'arrondissement professeur Prymak, le capitaine Halibej, et d'autres encore. Ces personnes arrêtées illégalement ne furent mises en liberté qu'après l'arrivée des troupes roumaines. L'officier polonais qui escortait le général Okopenko lui prit son sabre ainsi que d'autres objets de valeur qui malgré la promesse qui lui fut faite ne lui furent jamais rendus.

Pendant les quelques jours où les polonais gouvernèrent à Kolomea (fin Mai 1919) ils postèrent devant la "Maison nationale ukrainienne" des sentinelles qui ne laissaient entrer ni sortir personne. Un jour l'institutrice Sabina Sydorowycz, qui n'avait pas connaissance de ces instructions, conduisait les enfants à l'école qui se trouve dans la Maison nationale et s'arrêta devant la sentinelle. Celle-ci fit feu sur l'institutrice et la blessa à la poitrine et aux pieds, blessa également cinq petites filles.

19° A **Koczuriw** (arrond. de Bibrka), la gendarmerie se rendit chez Jean Sysak dans le but de l'arrêter sous prétexte qu'il appartenait au groupe des paysans instruits du village. Parcequ'il se cacha dans la forêt, la patrouille menaça la famille, la maltraita et pilla la maison. Les dommages occasionnés par ce pillage s'élèvent à plusieurs milliers de couronnes. (Témoin E. S.)

20° A **Kopyczynci** les uhlans polonais maltraitèrent 27 prisonniers et 2 officiers ukrainiens en les frappant de coups de fouet russe. Les soldats de l'escorte mirent alors leurs chevaux au trot et les prisonniers furent obligés de courir à leurs côtés. Pendant le trajet les soldats les frappèrent à coups de sabre et à coups de fouet et les insultèrent. Ensuite les uhlans remirent les prisonniers au poste de gendarmerie avec l'ordre ironique "de les bien arranger".

A Ozirna les officiers polonais et la population civile polonaise maltraitèrent les prisonniers ukrainiens, leur crachèrent au visage, les frappèrent à coups de poing sur la figure et sur la tête et leur lançèrent les pires insultes.

21° A **Kotoweć** (arrond. de Kopyczynci) le 7 Juin 1919 les légionnaires polonais massacrèrent la paysanne Barbara Czernysz à coups de bâton et à coups de crosse parce qu'elle demandait aux légionnaires qu'ils lui rendent les 3,610 couronnes qu'ils lui avaient volées. Jean, son mari et leur fils Hilaire furent arrêtés, maltraités et ensuite emmenés on ne sait où, tout cela, parce que ces deux hommes essayaient d'éteindre l'incendie que les Polonais avaient allumé dans le village. Le 7 Juin 1919, dans le même village les soldats polonais maltraitèrent la nommée Thècle Zahaidak, la frappèrent à coups de crosse et à coups de fouet russe (en fil de fer). (Témoin T. S.)

22° A **Kropywnyk staryj** (arrond. de Drohobycz) les légionnaires polonais frappèrent pendant 4 heures à coups de fouet russe le nommé Grégoire Kolibanek âgé de 11 ans! et menacèrent le petit de lui casser mains et pieds. Ils maltraitèrent d'une telle façon le cultivateur Michel Orynycz âgé de 55 ans, qu'il eut les deux poignets brisés.

Dans le même village, les gendarmes polonais attachèrent derrière leurs chariots les paysans ukrainiens complètement nus. Pour mettre le comble au ridicule ils leur mirent des couronnes d'orties sur la tête. Dans cet état les pauvres victimes étaient forcées de courir derrière les chariots. (Témoin M. O.)

23° A **Lapszyn** (arrond. de Bereżany), plusieurs maisons de cultivateurs ukrainiens furent pillées et saccagées et les paysans maltraités. (Témoin J. H.)

24° A **Léopol** il y avait dans le camp des internés deux employés ukrainiens du chemin de fer malades de typhus. Les Polonais leur déclarèrent que s'ils voulaient prêter serment à la République polonaise, ils seraient transportés à l'hôpital où on les soignerait. Les deux employés ayant refusé de prêter serment, les Polonais les laissèrent dans le camp sans aucun traitement et les deux victimes moururent au bout de quelques jours.

En Mai 1919 deux officiers ukrainiens moururent à l'hôpital érigé dans l'école Polytechnique de Léopol. Le jour de l'enterrement, un officier polonais sabre au clair, chasse les prêtres ukrainiens et les personnes qui voulaient assister à l'enterrement, en criant qu'il ne permettait pas qu'on enterrât les deux officiers. Après, les deux cadavres furent enterrés par un prêtre polonais. A tous les enterrements, surtout à ceux des soldats ukrainiens, les agents de police polonais ont sans doute, à la suite d'un ordre supérieur, empêché les prêtres ukrainiens d'accompagner le cercueil et de célébrer d'après les rite grec-catholique. (Chant des prières et évangiles.)

Le 29 Novembre 1918 les autorités polonaises arrêtèrent les nommés Siméon Szczypynskyj et Joseph Hodowanskyj employés de banque. Ils furent traînés d'une prison dans une autre. Par suite du froid, Hodowanskyj fut atteint d'une pneumonie et mourut. Siméon Szczypynskyj resta un mois et demi encore en prison sans être interrogé et fut enfin relâché.

Le 12 Décembre 1918 les polonais arrêtèrent le juge Ustianowycz et l'enfermèrent à la prison militaire de Zamarstyniw. Il avait été tellement frappé qu'il dut rester toute une semaine alité sans pouvoir se bouger; le corps était couvert d'echymoses. (Témoin I. R.)

Au commencement de Juillet 1919, le gouvernement de Varsovie donna l'ordre d'arrêter 10 personnes comme ôtages. Parmi eux se trouvaient les docteurs Sawtchak et Owtcharsky et l'abbé Sembratowitch. Les ôtages furent enfermés en prison

pendant un mois et demi et traités comme des criminels. On
ne permit même pas à l'abbé Sembratowitch de célébrer la
St. Messe. Ce n'est que grâce à l'intervention de la mission anglaise
que ces malheureux ôtages furent remis en liberté.

En Juillet 1919 on arrêta à Léopol des ukrainiens parmi
lesquels se trouvait le poète Nicolas Holubec qui était en
voie de guérison réconvalescence à la suite du typhus. On
l'enferma à la caserne de la gendarmerie située rue Letchakiwska,
où il fut maltraité et frappé de la façon la plus inhumaine et
ensuite on le mut aux fers. On ne lui donna presque rien à
manger et on ne lui remit pas même la nourriture que sa
femme lui apportât.

25° A **Lysnewyczi,** près de Pustomyt, les gendarmes
polonais cherchèrent le nommé Siméon Mota, ne le trouvant
pas ils maltraitèrent sa femme Xénie Mota et volèrent tout ce
qu'elle possédait. (Témoins K. Kh., H. J.)

Dans le même village, les gendarmes polonais coupèrent
le doigt au nommé Jean Nakosch pour lui prendre son alliance
et brutalisèrent sa femme et son beau-père. (Témoins K. Kh., H. J.)

26° A **Liszna, Stebnyk, Tustanowyczi, Mrażnicia,
Jakubowa Wola** (arrond. de Drohobycz), les soldats polonais
frappèrent sans pitié ni mesure les paysans.

27° A **Lubineć nowyj** (arrond. Czesaniw), les soldats
polonais maltraitèrent les nommés Grégoire Komar et Basile
Sudynyk puis les arrêtèrent. (Témoin W. S.)

28' A **Médyka** (arrond. de Peremychl), les soldats polonais
arrêtèrent le chef de train André Chytra, pillèrent toute sa propriété, lui volerent 3,000 couronnes, tout son avoir, et divers
objets évalués à 4,000 couronnes. Le 25 Novembre 1918
il fut si brutalement frappé qu'il eut deux côtes cassées. (Témoin A. Kh.)

29° A **Mosty welykyj,** le 22 Septembre 1919 les Polonais
arrêtèrent le directeur du bureau de poste Vladimir Miscewycz,
le directeur de l'école André Mosjondz et Sophie Tymkewycz,

sous prétexte que ceux-ci avaient assisté à l'inventaire du magasin de la société "Wlassna Pomicz" que les Polonais avaient pillé. Jaroslaw Wolosewycz, dessinateur au journal "Narodna Torhowla" fut arrêté et écarté de Jowkua.

30⁰ A **Modrycz** et à **Nahujewyczi** (arrond. de Drohobycz), les enfants furent frappés cruellement par les Polonais.

31⁰ A **Nahujewyczi** (arrond. de Drohobycz), tous les hommes âgés de 18 à 60 ans durent, sur l'ordre des légionnaires polonais, se rendre dans la cour de l'église et s'y coucher à plat ventre. Ensuite les polonais les piétinèrent, se mirent à courir sur ces hommes, les frappèrent à coups de talon et si par malheur un d'eux bougea par suite de souffrance, on le frappa à coups de nahaijku et à de crosse. Ils firent feu sur tous ceux qui cherchaient à s'enfuir. (Témoin M. D.)

Dans ce village, ainsi qu'à Haji, les Polonais enfermèrent les enfants dans le clocher en bois et y mirent ensuite le feu.

32⁰ A **Nadwirna** les Polonais firent prisonniers le nommé Etienne Chomiak auquel ils enlevèrent tous ses vêtements et le lieutenant ukrainien Solohub qu'ils frappèrent au visage et sur tout le corps à coups de crosse. (Témoin R. B.)

33⁰ A **Olijiw** le 2 Juillet 1919 les soldats polonais frappèrent à coups de crosse et à coups de fouet russe les prisonniers ukrainiens. (Témoin M. R.)

34⁰ A **Olesza** (arrond. de Monastyryska), le 23 Juin 1919 les soldats polonais brutalisent les nommés Barbara Dobrowolska, Agaphia Kapiniak et Etienne Kolodnyckyj et pillent ensuite leurs demeures.

35⁰ A **Poruczyn** sur la demande de la fermière Wanda Bilinska, on attacha 8 paysans ukrainiens à une charrue, 4 paysannes à une herse et on les força à labourer et à herser le champ. (Témoin Ja. H.)

36⁰ A **Peremychl,** au camp d'internement les soldats polonais frappèrent à la tête, avec une barre de fer, un paysan ukrainien interné. Ils le frappèrent jusqu'à ce qu'il perdit con-

naissance et s'affaissa. Un prêtre ukrainien fut souffleté et frappé
à coups de fouet. (Témoins P. et H.)

Les soldats de l'armée Haller poursuivirent les enfants
du lycée dans le rues et les maltraitèrent; p. ex. l'étudiant
Komarnytskyj, fils du professeur de religion qui était interné
fut frappé.

37° A **Pykulyczi** (arrond. de Peremychl), le 30 Juillet 1919
un soldat polonais martyrisa un cultivateur ukrainien en lui
arrachant le nez avec des tenailles. La malheureuse victime
couverte de sang tomba évanouie de douleur.

38° A **Pidberisci,** près de Léopol, le soldats polonais
frappèrent à coups de fouet des paysans ukrainiens, leur corps
étaient qui furent noirs des traces des coups.

39° A **Piddubci** (arrond. de Rawa), les polonais maltraitèrent des paysans ukrainiens en leur brisant la mâchoire
et les côtes.

Au même endroit des légionnaires polonais violèrent des
internées ukrainiennes Anne Makoun et Anne Tsytiw; des
camarades tenaient les victimes par les pieds et par
les mains pendant que les autres se livrèrent à leur, besogne
immonde.

41° A **Pidbuże** (arrond. de Drohobycz), les Polonais
arrêtèrent le juge Nicolas Stefanowycz au tribunal de 1e instance,
parce qu'il ne voulait pas prêter serment à la Pologne; ensuite
il fut interné.

42° A **Pidpeczary,** près de Stanislawiw, les légionnaires
polonais maltraitèrent sans pitié l'ôtage Dmètre Bezen, lui remplirent la bouche de boue, le piétinèrent et ne cessèrent de le
martyriser que quand il ne bougea plus. Alors ils l'abandon-
nèrent croyant qu'il était mort.

43° A **Pijlo** (arrond. de Kalusz), les soldats polonais
frappèrent à coups de bâton 28 paysans ukrainiens jusqu'au
sang sous prétexte que ceux-ci avaient arrêté un soldat polonais
qui pillait.

44⁰ A **Putiatynci** (arrond. de Rohatyn), le jour de l'ascension, à la sortie de la messe les soldats polonais frappèrent à coups de crosse et à coups de fouet les fidéles qui sortaient de l'église. Ensuite ils pillèrent le village et l'incendièrent aux 4 coins; il n'y eut que trois maisons qui furent épargnées par les flammes.

45⁰ A **Radynyczi** (arrond. de Mostyska), le commandant de gendarmerie donna l'orde de "briser les os à tout ukrainien qui sera arrêté".

46⁰ A **Risun** les légionnaires polonais violèrent des jeunes ukrainiennes mineures. Le sergent major polonais Janowski se vanta que lors du "partage du butin" il lui échut une petite fille de 12 ans.

47⁰ A **Stanislawiw** les soldats polonais mènent à coups de fouet les ukrainiens de la classe intelligente et les juifs nettoyer les rues et Charles Winkler, officier tchèque qui servait alors dans l'armée ukrainienne fut frappé cruellement et mis en prison après qu'on lui eut pris tout ce qu'il avait.

48⁰ A **Slowita** (arrond. de Peremychlany), plusieurs paysans des communes Lypiwtsi et Loni furent inhumainement brutalisés par les gendarmes polonais. (Témoin M. W.)

49⁰ A **Skalat** les patrouilles polonaises firent plusieurs fois des recherches dans la demeure du curé. Ils le firent d'une façon si brutale que la femme du curé et Melle Lewytska tombèrent évanouies et restèrent long temps sans reprendre connaissance. Les soldats polonais dévalisèrent complètement la maison en emportant tout ce qu'ils purent prendre.

50⁰ A **Sokal** les gendarmes frappèrent à sang une jeune fille Demczuk. (Témoins D. et Cz.)

51⁰ A **Sawaluski** (arrond. de Monastyryska), le 6 Juillet 1919 des soldats polonais dévalisèrent et frappèrent les nommés Pierre Kaminiak, Etienne Krywei, Hilaire Wyszatyckyj Spiridon Kaminiak, Omélian Romaniw, Grégoire Pidwysotskyj, Jacques Kolodnytskyj, Philippe Savka, Paule Kaminiak, Roman

Iwaniw, Alexandre Turianskyj et Cyprien Baran; ils brûlèrent même toute la propriété de ce dernier. (Témoins C. K., H. K., M. T., P. B., K. W., J. B., D. R. et S. B.)

52° A **Staryj Sambir** les polonais brutalisèrent gravement le secrétaire d'arrondissement un nommé Kostrysz.

53° A **Stryj** les soldats polonais frappaient tous les jours les prisonniers ukrainiens qui recevaient de 30 à 45 coups de bâton. Un des auteurs et des exécuteurs de ces barbaries polonaises était le sergent Kwasnievicz. (Témoin M. K.)

54° A **Schidnycia**, la fille d'Alexandre Dzoubak, fut maltraitée d'une manière barbare, comme il y a été mentionné.

Dans ce même village les Polonais frappèrent le nommé Dmètre Mazourek. Celui-ci leur échappa; de colère ils pillèrent tout son avoir et lui emportèrent entr'autres choses le moteur de son moulin. (Témoin D. M.)

Le 20 Juin 1919 les gendarmes polonais étaient à la recherche de Nikolas Jourawtchyk. Ne le trouvant pas, ils pénétrèrent dans la demeure de sa sœur Madeleine, l'entraînèrent au dehors, la maltraitèrent et la frappèrent de 25 coups de fouet russe. Ayant essayé de s'enfuir, les Polonais tirèrent sur elle et la blessèrent grièvement. Ce n'est que le lendemain qu'on la trouva encore évanouie dans la cour et qu'elle fut transportée à l'hôpital où on a peu d'espoir de la sauver. (Témoin P. D.)

55° A **Ternopil** (Tarnopol), les Polonais arrêtèrent A. Krissa, employé aux chemins de fer. La choix de la souffrance à infliger fut celle de la famine. Ils n'eurent pas honte d'en faire l'aveu à sa femme en lui disant qu'ils voulaient l'affamer et le martyriser.

Un octogénaire fut forcé par les soldats polonais de danser sur la place du marché. Lorsqu'il s'y refusa, les soldats le frappèrent à coups redoublés.

On arrêta ou interna dans cette ville 278 personnes qui furent ensuite conduites à pied sous escorte jusqu'à Zolocziw.

Pendant le trajet elles furent dépouillées de ce qu'elles possédaient et frappées à coups de crosse.

56⁰ A **Towstenke** les légionnaires polonais conduisirent dans la cour de la ferme un paysan et son fils. Ces deux derniers furent frappés si brutalement qu'ils avaient le corps tout à fait enflé. Ensuite ils furent emmenés on ne sait où.

57⁰ A **Truskaweć** (arrond. de Drohobycz), les Polonais maltraitèrent le nommé André Bilas de la façon la plus inhumaine. Ils le frappèrent en premier sur les talons, puis avec un couteau lui coupèrent la peau de la plante des pieds. Il perdit bientôt connaissance et mourut au milieu des plus atroces souffrances. (Témoins O. H. et P. M.)

58⁰ A **Toudoriw** (arrond. de Hussiatyn), dans la nuit du 8 au 9 Juin 1919 les soldats polonais font irruption dans la demeure de l'abbé Sonewytskyj et l'emmènent; ensuite ils arrêtent l'instituteur Nykorowycz et le cultivateur Jean Czajkaw, puis firent savoir à ces trois personnes qu'elles allaient être pendues. Les soldats polonais mirent la corde au cou de l'abbé Sonewytskyj et le conduisirent avec les deux autres dans la forêt située tout au près. Ces trois malheureux n'eurent la vie sauve qu'en se rachetant: Nykorowycz dût payer 3,000 couronnes, Czajka 8,000 et l'abbé Sonewytskyj 10,000. (Le dossier du tribunal de Kopétchentsi en font foi ainsique le témoin K.)

59⁰ A **Chyriw** près de Storé Sambir, les soldats polonais frappèrent les prisonniers ukrainiens à coups de poing au visage en leur criant après chaque coup: "Voilà ton Ukraine espèce de cochon". On y cassa les bras à un soldat âgé de 30 ans, de Stara Sill. (Témoin J. P.)

60⁰ A **Czercze** (arrond. de Rohatyn), les soldats polonais pillèrent tout le village et chargèrent sur des voitures tout ce qu'ils avaient pris dans les coffres et les armoires, puis l'emportèrent. Les habitants furent frappès à coups de crosse; le cultivateur Jean Geba fut le plus grièvement maltraité. En outre de nombreuses jeunes filles et des femmes âgées furent violées. (Témoin W. K.)

61° A **Czornokinci** les Polonais martyrisèrent le cultivateur J. Bochenko en le frappant pendant plusieurs jours de suite, de 25 coups de fouet russe.

62° A **Jaworiw** les légionnaires polonais prirent 24,000 couronnes au cultivateur Balakym et le frappèrent à coups de fouet lorsqu'il se rendit à Peremychl chez le commandant polonais porter plainte contre les voleurs. Les Polonais arrêtèrent Dmètre Charambura et Grégoire Barabach; tous deux furent tellement maltraités que le premier mourut en prison à Peremychl et le second tomba grièvement malade.

Dans l'arrondissement de Jaworiw les gendarmes conduisaient les habitants soit au champ, soit dans la cour de la ferme et les frappaient à coups de bâton sur les talons. C'était tellement ignoble que le Comte Szeptytsky, grand propriétaire foncier se rendit auprès du commandant militaire de Peremychl porter plainte et exigea qu'on mit fin à cette conduite barbare.

63° A **Jakoubowa Wola** (arrond. de Drohobycz), les légionnaires polonais enfermèrent tous les enfants dans une maison et là les y frappèrent de façon brutale à coups de fouet russe.

64° A **Jaksmanyczi** (arrond. de Peremychl), le 16 Mai 1919 les gendarmes polonais firent des recherches domiciliaires pour requérir les armes. Plusieurs paysans furent frappés à coups de fouet. Ensuite ils durent s'agenouiller et baiser le fouet.

Le 18 Novembre 1919 vers 4 heures du matin des légionnaires polonais font irruption dans le village et commencent à faire feu avec des mitrailleuses. Les habitants surpris dans leur sommeil cherchent à s'enfuir et plusieurs sont grièvement blessés; Casimir Matwij est tué d'un coup de feu à la tête. Deux élèves du lycée, B. F. et E. B., sont trainés hors de chez eux et fusillés malgré qu'ils demandent grâce à genoux.

(Témoins J. H. et M. H.) Les légionnaires mettent ensuite le feu au village. Ils incendient la grange du maire Joseph Pluwak et l'emprisonnent pendant 39 jours sans lui faire subir le moindre interrogatoire. Ils brûlèrent également les granges pleines deblé des nommés Pankewycz, Korchynskà, Hersch Lien et d'autres encore. Les paysans demandent qu'on ne leur détruise pas leur avoir, on ne les écoute pas, au contraire on les dispersa à coups de fouet russe pour ne pas leur permettre d'éteindre l'incendie.

Les soldats prénètrent dans la demeure de Elie Kopko et mettent le feu à un lit où dormaient deux petits enfants. La mère voulant sauver ses enfants fut grièvement blessée. Les bandits polonais font ensuite l'assaut de la cure, y tuent tous les cochons et emmènent tout le bétail, les chevaux et vaches et emportent tout se qui apportenait au curé Joseph Karanowycz, ils défoncent et démolissent ensuite toutes les portes et toutes les fenêtres. Tout le butin fut ensuite transporté sur des chariots que les paysans de Jaksmanyczi durent fournir eux-mêmes.

Quelques jours plus tard survient une patrouille de gendarmes polonais pour requérir les armes. Comme les paysans protestèrent qu'ils n'en possédaient pas, tous les habitants furent conduits à la mairie. Hommes, femmes, enfants et vieillards et y furent tous frappés à nu avec des fouets russes tressés en fils de fer. Les barbares s'y prirent de la façon suivante pour torturer leurs victimes. Un soldat s'assit sur la tête, un autre sur les pieds et deux frappèrent jusqu'au sang. Un soldat polonais brûla au visage avec sa cigarette le nommé J. L., paysan âgé de 65 ans, protestant qu'il n'avait pas d'arme, et malgré qu'il eut demandé qu'on fasse dans sa demeure la plus minutieuse perquisition.

65° Un témoin oculaire raconte ce qui suit sur les cruautés qui ont été commises par les Polonais dans le village de **Machniw** (arrond. de Rawa Ruska):

Le 15 Décembre 1919 par un beau clair de lune, le village
de Machniw couvert de neige, dont les habitants dormaient
paisiblement, fut assailli vers minuit par 3 patrouilles de
légionnaires polonais. Les soldats penetrèrent immédiatement
dans les maisons enlevant tout, chaussures, vêtements, fourrures,
argent et ce qui leur tombait sous la main. Ils arrachèrent tout
ce qu'ils purent aux pauvres habitants effrayés et forcèrent les
jeunes filles de se mettre à nu. On entendait les cris et les
pleurs des femmes et des enfants, les soldats n'y firent pas
attention, au contraire ils frappèrent à coups de crosse ceux
qui leur tombaient sous la main. Enfin ils lièrent tous les
hommes, vieillards et jeunes gens et les conduisirent devant
l'église et y amenèrent le curé Jatsew conduit par des soldats
baïonette au canon. Enfin l'aurore vint, une partie des soldats
partit dans la direction de Verbyci, pendant que les autres
occupaient le village et continuaient à piller.

Trois officiers polonais du commandant Myslowski s'instal-
lèrent à la cure et déclarèrent d'une manière emphatique "que
"la Pologne n'avait aucune raison pour attendre la décision du
"Congrès de la Paix, concernant la question de la Galicie
"orientale et d'ailleurs qu'elle ne le voulait pas. Il n'y a que les
"faibles dirent qui'ils ont recours au Congrès et la Pologne
"est assez forte pour prendre autant qu'elle veut et tout ce
"dont elle aura besoin". Bientôt on entendit les coups de feu
dans le village et on apprenait qu'on avait blessé des ukrainiens. On devait se dépêcher pour leur porter secours. Lorsque
nous sortîmes de la maison, nous vîmes les légionnaires qui
chargeaient sur des traîneaux les fourrures des paysans, les
bottes et les autres objects qu'ils avaient volés et se préparaient
à partir.

Dans la cour de la veuve Symuszczycha on voyait des
traces de sang. La porte de la maison était ouverte et on vit
à l'intérieur un corps de femme de 40 ans, en chemise, gisant
sur le plancher. La chemise déchirée était couverte de sang

à la poitrine, on voyait sous le sein une blessure faite par une balle, des blessures de baïonnettes au bras droit et aux épaules. C'était le cadavre de Técle Trusz que les légionnaires polonais avait assassinée à coups de baïonnettes, au moment où elle voulait sauver un sac de farine qu'elle était allée chercher dans l'écurie. Il était 6 heures du matin lorsque 3 pauvres orphelins sortirent de derrière la cheminée et aperçurent leur mère gisant sur le plancher et la regardèrent avec des yeux effarés. Ils avaient l'air d'avoir perdu la raison. Les voisins accourus au seuil de la maison ressemblaient à des statues aux mines terrifiées.

Tout à coup on entendit des cris et des pleurs venant d'une maison voisine. En entrant on vit sur la table le corps de la jeune Marie Nowosad âgée de 20 ans que les légionnaires avaient étranglée parce qu'elle avait voulu les empêcher d'arrêter son père innocent. Les légionnaires l'avaient saisi à la gorge au moment où elle leur demandait grâce. Le père de la victime gisait à terre, couvert de sang, blessé aux pieds par des coups de baïonnette, et souffrant de douleurs horribles. La vieille mère à genoux aux pieds du corps de sa fille éclatait en sanglots.

Dans une troisième maison gisait un garçon de 13 ans, Elie Stepan que les légionnaires avaient fouetté et blessé sans aucun motif de telle façon qu'on dut le conduire à l'hôpital de Sokal.

Les légionnaires s'enfuirent ensuite après avoir pillé tout le village et avoir versé tant de sang innocent parmi une population civile paisible. (Témoin M. Ja.)

66° A **Korni** (arrond. de Rawa Ruska). Un témoin S. Ja. raconte de la manière suivante ce que les habitants de ce village durent endurer de la part des Polonais.

Le village de Korni situé à 8 Kilomètres de Rawa Ruska fut le théâtre des atrocités et des pillages continuels depuis le 26 Novembre 1918, époque à laquelle les Polonais ont occupé Rawa Ruska. Pour la première fois le 6 Décembre 1918 une

nombreuse patrouille de cavalerie polonaise envahit le village
et y réquisitionne le bétail, les porcs, le foin &c. et cela sans
payer ou sans donner une seule quittance. Quelques jours après,
le 13 du même mois, les Polonais pillent entièrement le village,
arrêtent 34 paysans qu'ils transportent à Lublin et de là au
camp de Wadowice où ces victimes innocentes restent pendant
9 mois en proie aux plus horribles souffrances. Ils furent battus
si cruellement que l'un d'eux, Paul Bounda, mourut des suites
des blessures occasionnées par des coups de crosse.

Le 25 Décembre 1918 les Polonais attaquent près de Korni,
des troupes ukrainiennes après avoir posté leur artillerie de
campagne près du village et après l'avoir bombardé avec des
grenades incendiaires. Bientôt après des patrouilles polonaises
pénètrent dans le village et y massacrent la population civile
quoique celle-ci n'eut pris aucune part aux opérations militaires
c'est ainsi que fut tué d'un coup de feu Etienne Protsyk au
moment où il se réfugiait dans sa maison pour se mettre à
l'abri du danger. (Témoin A. P.) Chaque personne qui tombait
aux mains des soldats étaient maltraitée.

Le lendemain le commandant polonais Wjeczorkiewicz donna
l'ordre d'incendier le village. Les légionnaires commencèrent
alors à mettre le feu à chaque maison. Il fut absolument défendu de sauver quoique ce fut, ni meuble, ni bétail. C'est
ainsi que 140 habitations de paysans et plus de 200 têtes de
bétail furent la proie des flammes. Les cris poussés par les
pillards, les gémissements des enfants et des femmes, le beugle-
ment du bétail effrayé, tout ce bruit que l'on entendait sortir
des flammes vous donnaient l'impression qu'une horde barbare
de Tartares s'était emparée du village.

Les Polonais frappaient tous ceux qu'ils rencontraient et
plus tard plusieurs personnes moururent des blessures occasionnées par les coups qu'elles avaient reçus. Les femmes et
les enfants s'enfuyaient pieds nus et se cachaient où ils pouvaient afin d'échapper à la mort. Deux frères Jean et Pierre

47

Storoniak se cachèrent sous une meule de foin appartenant à
K. Zaritchna. Lorsque les légionnaires polonais les découvrirent,
ils fusillèrent Jean quant à Pierre ils l'arrêtèrent le maltraitèrent
et le forcèrent ensuite à porter une mitrailleuse. (Témoin S. P.)

Quatre légionnaires polonais font irruption dans la maison
de Marie Jaworska et veulent y mettre le feu. D'autres légionnaires la forcent à leur donner tout l'argent qu'elle possède.
Marie Jaworska entourée de 5 enfants en bas âge et tenant le
sixième âgé de deux mois dans ses bras, supplie en pleurant
qu'on n'incendie pas sa maison et qu'on ne la laisse pas
sans abri avec ses 6 enfants en plein hiver. Les légionnaires sont sourds à sa prière. Alors Marie Jaworska prend
un seau et commence à jeter de l'eau sur le toit de sa
chaumière en feu. A ce moment un officier polonais s'approche
et fait feu sur la pauvre femme. La balle ne l'atteint pas,
mais par contre blesse un enfant au visage. Elle s'occupe
un instant du pauvre blessé et l'enveloppe dans une fourrure
de paysan puis continue à essayer d'éteindre l'incendie. L'officier polonais tire un deuxième coup de feu, attrappe de nouveau
l'enfant au visage et la balle sort par l'oreille. Le petit Michel
Jaworskyj était mort.

Les légionnaires polonais étranglent le nommé Nicolas
Guimmel qui pendant l'incendie avait cherché à sauver quelques
objets de sa maison en feu, au moment où ils les rangeait dans
la cour de sa ferme.

Après ces actes "héroiques" les Polonais pillent encore
plusieurs fois le village et emportent ce qu'ils peuvent encore
y trouver.

Lorsque la malheureuse population qui s'était enfuie dans
les villages avoisinants, voulut revenir dans ses foyers, elle fut
obligée de demeurer dans des huttes où dans des trous creusés
dans la terre et dans lesquelles plusieurs familles habitaient
ensemble. Il s'en suivit une épidémie de typhus qui décima la
population.

Faire d'un beau, tranquille et riant village, un amas de
ruines et un triste cimetière: Héroïque armée polonaise! Voilà
ton œuvre!

Cruautés exercées sur les prisonniers de guerre.

Il faudrait des livres entiers pour décrire toutes les cruautés
qu'ont eu à subir les prisonniers de guerre.

Le gouvernement polonais n'a pas exécuté les clauses du
contract qui fut conclu le 1er Fevrier 1919 entre les partis belli-
gérants polonais et ukrainiens en se qui concerne le traitement
des prisonniers de guerre et des internés, pas plus d'ailleurs
que le paragraphe additionnel qui fut rédigé et signé le 11 Mars
1919 en présence des délégués de la Croix Rouge de Internationale de Genève.

Les coups, les insultés, les mauvais traitements, les injures,
les vols, les tortures occasionnées par la faim, les incarcérations
dans des lieux humides, malsains et malpropres, froids et
pleins de vermine remplissent l'âme d'effroi.

1° Un témoin, le lieutenant Marc Wiazowskyj dit: Lorsque
les polonais le firent prisonnier avec l'enseigne Juzytchynskyj et
21 soldats près de Léopol, ces leurs prirent immédiatement
montre et argent, leur arrachèrent ses vêtements et les frappèrent
au visage et sur le corps. Les soldats et le public qui passait
les insultèrent de la façon la plus ignoble. Près de Brigidki
à Léopol les Polonais les visitèrent de nouveau et leur prirent
tout ce qui leur restait ainsi que leurs vêtements et les conduisirent dans une cellule humide et puante où ils furent d'abord
internés. Cette celluse était en outre sombre et sans lit et ne
pouvait contenir que 8 personnes, malgré cela 30 y furent enfermées. Ils y restèrent 21 jours; la nourriture était infecte, les
gens étaient affamés. Pour un mot les Polonais enfermèrent
le capitaine Bilinskyj, 21 jours, seul dans une cellule et le
maltraitèrent tellement qu'ils lui cassèrent 3 dents. Cette cellule

était pleine d'immondices, de poux et de punaises. Par suite de la malpropreté, de l'humidité et du manque d'air dans ces cellules, les épidémies contagieuses et le typhus y font de 20 à 30 victimes chaque jour. (Témoins M. W., H. J., N. M. et J. R.)

2⁰ Le lieutenant Juran Ryzyj qui a pu s'enfuir du camp d'internement de Dombie raconte ce qui suit sur la façon dont les prisonniers et les internés y sont traités : Lorsqu'après mon arrestation je fus conduit au commandant de corps à travers les rues de Léopol, le peuple polonais criait sur mon passage : "P o u r q u o i c e t t e c a n a i l l e e s t e l l e e n c o r e i c i, à l a p o t e n c e", etc. Après mon arrivée dans les bureaux du commandant de corps, on m'arracha ma rosette d'officier de mon képi, on m'enleva mon ceinturon et après avoir fait un protocole on me conduisit dans la cellule des officiers. (Polowa Straz Ochron Ziemskiej.) En entrant dans cette cellule sombre pleine d'immondices je vis couché sur un lit fait avec des planches recouvertes de sciure de bois, le docteur Sienkiewycz. Auprès de lui se trouvaient le curé de Zboiska, Hoszowskyj, l'enseigne Jarosyk et quelques officiers ukrainiens de religion israélite. Malgré les pourboires que j'avais donnés au surveillant, je dus dormir la première nuit sur la table. Les pots de vin sont une chose coutumière là bas. La nourriture était impossible à manger ; personne ne touchait aux aliments que nous recevions. Là malpropreté était tellement grande que je ne trouve aucun mot pour l'exprimer. Plusieurs devinrent malades, quelques uns moururent, aucun médecin ne vint à leur secours. Nos paysans avaient le corps boursouflé par les coups qu'ils recevaient. On les retenait plusieurs jours dans des caves sans leur donner de nourriture. (Témoins H. et J.)

Le 3 Décembre 1918 on nous conduisit à l'hôpital militaire de Zamarstyniw. Il nous était défendu de voir quelqu'un ou de parler à une personne quelconque. On y amena aussi le juge Ustianowycz qui avait été frappé si brutalement par les Polonais, qu'il resta une semaine entière couché sans pouvoir

faire le moindre mouvement, le corps était couvert de bour-
souflures. Le 10 Décembre 1918 on nous ramena à Brygidki.
Notre société devient plus nombreuse, elle s'accroit du juge
Nasada et du lieutenant Liszczynskyj. La garde de Brygidki
était toujours ivre. Les simples soldats prisonniers étaient maltraités sans pitié. La garde met aux chaînes un petit bourgeois
de Wynnyki, parcequ'il avait soi disant essayé de s'enfuir. Nous
passâmes la première nuit dans une chambre dont les fenêtres
n'avaient aucune vitre, étendus sur le plancher et sans couverture. Les simples soldats restèrent 4 jours sans eau et sans
aucun aliment. Ils furent enfermés tout le temps par groupe de
50 dans une cellule, où ils n'avaient même pas la place de se
tenir debout donc sans pouvoir ni s'asseoir ni se coucher. On
peut se figurer l'odeur qui régnait dans ces cellules quand on
ajoutera que les hommes étaient obligés de satisfaire les
besoins naturels dans les cellules, et par là quelle propreté
y régnait. Les officiers recevaient le matin des pommes de
terre gelées que l'on avait ensuite cuites au four; à midi de
la choucroute, ou rien du tout. On arracha aux hommes les
derniers vêtements qu'ils portaient. Ils sortaient pieds nus et le
corps presque nu.

Les vols étaient à l'ordre du jour; les auteurs étaient non
seulement de simples soldats polonais, mais aussi des gens
ayant étudié à l'université. Le 19 Décembre 1918 un juge polonais, le Docteur Onest entre dans ma cellule accompagné de
deux soldats et me commande de lui remettre mon uniforme
sur l'ordre du chef du quartier. Comme je protestai, les deux
légionnaires polonais sautent sur moi, m'arrachent mon uniforme
et me donnent de vieilles guenilles. L'enseigne Stefan Holod
fut témoin de cela; d'ailleurs il subit le même sort. Le Commandant de la prison de Brygidki était le capitaine Hudka.

Le 21 Décembre 1918 on nous amena trois nouveaux compagnons d'infortune, le curé Kowalyk de Sknyliw, le lieutenant
Krasnopera et le cadet Krasnopera.

Le 22 Décembre 1918 on jeta dans la cour 180 prisonniers et 3 officiers au nombre desquels je me trouvai et on nous conduisit à la gare. Chemin faisant il nous fut défendu de parler à personne. Un soldat apercevant sa sœur qui passait sur le trottoir lui adressa la parole. Un enseigne polonais légionnaire le frappa au visage et donna l'ordre d'arrêter la sœur. Les hommes de garde qui nous escortèrent à Peremychl nous prirent en route tout ce que nous possédions. Un de nos camarades, le nommé Belebej qui protesta contre cette façon d'agir fut roué de coups par les légionnaires qui en arrivant à la gare de Rohizna le jetèrent hors du wagon dans le fossé et le fusillèrent de deux coups de feu. L'escorte polonaise se conduisit comme une troupe de bandits.

3⁰ Le témoin Iwan Lubaczewskyj dit qu'il fut arrêté avec 70 autres ukrainiens qu'une milice polonaise conduisit à Ternopil, où le 12 Juin 1919 ils passèrent la nuit sur le pavé à l'abri d'un mur. Là les polonais lui prirent ses souliers, son manteau, sa veste et son pantalon et lui donnèrent de vieilles guenilles.

De Ternopil on les conduisit à pied avec 250 autres personnes à Léopol. En chemin on les frappait à coups de fouet et à coups de crosse; on les insultait et lorsque quelques uns tombaient de faim ou de fatigue, car ils ne recevaient rien à manger, les soldats de l'escorte les chassaient à coups de crosse. Pendant cette marche qui dura trois jours, 5 personnes moururent en route.

Il est impossible de s'imaginer les mauvais traitements que la population paysanne eut à endurer de la part des polonais. La "gendarmerie volante" ce serait plus juste d'y ajouter: et voleuse, fait irruption dans les villages, chassent de leurs maisons vieillards, femmes et enfants, les enferme soit dans l'école où à la mairie et retourne au village pour perquisitionner et voir s'il y a des armes de cachées. Elle emporte tout ce qui lui tombe sous la main et non contente de cela frappe les

paysans à coups de fouet et à coups de pied, pis que si
c'était des animaux. Si quelqu'un tombe sans connaissance à la
suite des coups qu'il a reçus on l'arrose et on continue à le
frapper.

Le 7 Juillet 1919 les gendarmes polonais font de telles
perquisitions dans le village de Hermanowyczi, arrond. de
Peremychl. Ils enferment dans les locaux de la gendarmerie les
vieillards, les femmes et les enfants, perquisitionnent et pillent
les habitations et les locaux des fermes, puis frappent les paysans à coups de fouet. C'est ainsi que Basile Patslawskyj reçoit
70 coups, Jean Pokarma, un vieillard de 70 ans 35. Ce dernier
tomba mortellement malade des suites des coups qu'il avait reçus.

Les Polonais firent la même chose dans les villages de
Jaksmanycz, Selyska, Néhrybka, Pykulyczi, Sileć, arrond. de
Peremychl, Pidloube, arrond. de Jaworiw où des paysans eurent
les dents et les côtes brisées par les coups qu'ils reçurent.

Souvent les gendarmes entrent dans les maisons et s'y
font servir à manger. Comme payement ils étendent la paysanne
sur un banc et la frappent avec vigueur. Ceci se passe dans
les villages de Bolechiwtsi, Mychalewyczi, Hanèwyczi, Haji,
Dobriwlany, Wiazowyczi, Solen, Rychwyczi, Kolneć, Modrycz,
Stare Selo, Sniatynka, Nahujewyczi, Truskaweć, Liténia,
Uniatyczi, Schidnycia, Kropiwnek Nowé et Staré, Manastyrok,
Litnia, Bystrycia, arrond. de Drohobycz, etc.

Les Polonais se faisaient un jeu de frapper sans pitié les
paysans et surtout les enfants des villages qu'ils traversaient.
Ceci est surtout remarquable dans les endroits que traversa la
fameuse 4ᵉ division d'Alexandrowycz, p. ex. dans l'arrondissement de Stanislawiw, à Kolodijiwka, Krechiwtsi, Radycz, Pid-
péczary, Wiktoriw, Opryszkiwci, etc. Le témoin Danélo Sloussar
raconte: Un jour arrive chez moi un légionnaire polonais et
me demanda si je possédais des objets militaires. Je lui répondis
que non. Alors il commença à chercher et naturellement il ne
trouva rien. Il devint tellement furieux qu'il se jeta sur moi et

commença à me frapper. Ma fille âgée de 18 ans qui pleurait
le suppliant de ne pas me maltraiter fut frappée d'un coup si
fort à la poitrine qu'elle tomba évanouie. Le légionnaire me
conduisit au poste de gendarmerie. Là les soldats me battirent
de nouveau mais je ne sentis bientôt plus rien étant tombé
sans connaissance des souffrances que je ressentais. Plus tard
on me conduisit à Peremychl au delà du San. Je m'y fis porter
malade et le médecin constata que j'étais incapable de travailler.
Un jour assis auprès des baraques, le sergent Wioncek qui
passait m'insulta en me criant: "Tu ne veux pas aller
travailler, espèce de cochon" puis tirant son sabre
m'en frappa, me piqua et me cassa les dents. Ensuite le sergent
Wioncek se rua sur Sévérin Stryjewskyj de Niżniw, arrond. de
Kaminka Stroumilowa et le brutalisa tellement qu'il mourut
4 jours après. (Témoins S. D., K. H., P. M.)

Nous pourrons nous faire une idée de la façon dont les
Polonais procédèrent aux arrestations et de la manière dont
ils traitèrent les prisonniers en lisant les récits des personnes
qui tombèrent entre leurs mains et purent ensuite s'échapper et
passer la frontière. Pour l'édifications du lecteur nous repro-
duisons ici les récits de quelques témoins qui de leurs souffrances ont payé leur tribut dans le "Paradis polonais".

a) A. K. raconte qu'à Truskaweć les Polonais arrêtèrent
de 20 à 30 hommes qu'ils conduisirent dans une cour. Là ils
leur commandèrent de creuser une fosse qu'ils remplirent de
purin. Les soldats maltraitèrent ensuite ces hommes d'une façon
bestiale, et les forcèrent à rester dans cette fosse, à purin
pendant 2 heures, les pieds nus tout couverts des blessures occasionnées par les coups qu'ils avaient reçus. Deux vieillards en
moururent.

Les arrestations ont lieu en masse. On se rue surtout sur
la classe intellectuelle et sur les paysans patriotes. Les gendarmes font irruption pendant la nuit dans les villages, y arrêtent les gens que souvent ils emmènent complétement dénudés,

tel l'abbé Hruszkewycz de Smilna, arrond. de Drohobycz. Les gendarmes s'approprièrent du linge que l'abbé avait reçu. L'abbé Hruszkewycz fut conduit avec le prêtres Jakhno de Zaliktie ainsi que 7 autres prêtres des arrond. de Stary Sambir et Turka. A la gare de Peremychl il arriva ce qui suit:

On fit sortir les prêtres de la foule d'Ukrainiens et de juifs qui étaient arrêtes, on les plaça sur un rang, et on leur fit faire des exercices d'assouplissements sous le commandement d'un juif. La foule qui se trouvait là se moqua d'eux et les insulta.

b) Le lieutenant W. K. raconte ce qui suit: Je suis arrêté à Stanislawiw sur l'ordre du lieutenant docteur Sendzimir et conduit à Léopol. Avant de monter dans le train que devait m'emmener avec les autres prisonniers, nous fûmes complètement déshabillés sur l'ordre de Sendzimir; on fouilla tous nos vétements et l'on nous prit tout ce que nous avions, argent, objets précieux, etc. puis moitié nus on nous fit monter en wagon. Arrivés à Chodoriw ordre fut donné de descendre, on nous enleva le restant, de nos vêtements et chacun de nous fut frappé à coups de fouet et de bâton. Nous étions sans aucun vêtement, notre situation était indescriptible, car chemin faisant, jusqu'à Léopol, les hommes de l'escorte nous frappèrent de nouveau.

Arrivés en gare de Léopol, nous fûmes conduits à la prison de Brygidki. En traversant la ville la population polonaise nous insulta et nous cracha au visage; de plus l'escorte anima la population à nous faire subir les plus mauvais traitements. Arrivés à Brygidki, nous y trouvâmes environ 2,000 internés ukrainiens des deux sexes, parmi lesquels se trouvaient des paysans, des personnes de la classe intellectuelle, des femmes, des soldats, etc. Les petites cellules contenaient chacune une douzaine de personnes, qui étaient obligées de satisfaire leurs besoins dans la cellule même. La nourriture se composait d'une eau noire et sale, baptisée du nom de café noir, d'un morceau de pain et de choucroute à moitié pourrie et mal cuite. Les coups de fouet étaient à l'ordre du jour. Tout le monde y passait sans distinction, vieillards, prêtres, aux cheveux blancs, paysans, femmes, jeunes filles. Une nuit on nous amena deux officiers ukrainiens qui venaient du commandement de la gendarmerie. Ces deux officiers avaient été tellement maltraités qu'ils moururent dans la nuit par suites de leurs blessures. Je ne me souviens plus de leurs noms, mais je sais qu'ils avaient beaucoup de connaissances parmi nous.

Après trois semaines 120 officiers ukrainiens, parmi lesquels je me trouvai furent conduits à Peremychl, escortés par des l é g i o n n a i r e s f e m m e s. Ceci avait pur but d'attirer encore davantage sur nous l'attention de la population. Le voyage dura trois jours pendant lesquels nous ne reçurent aucune nourriture pas même un morceau de pain. Il nous était presqu'impossible de boire de l'eau, car chaque homme qui sortait du wagon était aussitôt frappé à coups de fouet qui étaient distribués non seulement par les hommes de l'escorte mais aussi par les employés du chemin de fer. Arrivés à Peremychl, on nous conduisit à Pykulyczi où on nous enferma par 25 à 30 dans des cellules de 2 mètres de large sur 3 mètres de long et desquelles il nous était complétement interdit de sortir. Nous ne reçûmes aucune nourriture. Ensuite nous apprîmes qu'on devait nous conduire à Brest-Litowsk. Avant notre départ, l'on nous fit passer un à un au bureau, là tous nos effets furent pris et remplacés contre des vêtements déguenillés et sales, mis de force sur nous. Beaucoup d'entre nous étaient lés pieds nus, d'autres sans pantalon, plusieurs sans coiffure et même sans chemise. Nous traversâmes la ville dans cet accoutrement et pendant le trajet, plusieurs furent frappés à coups de fouet. Beaucoup d'entre nous tombaient en chemin par suite des mauvais traitements, des douleurs, de la faim et de la fatigue. Arrivés à la gare de Jaroslaw nous portâmes plainte près du commandant de la gare. Ces plaintes ne furent nullement écoutées, au contraire on nous fit remarquer "q u e l e s s o l d a t s a v a i e n t l e d r o i t d e b a t t r e l e s p r i s o n n i e r s". Le voyage dura 5 jours pendant lesquels nous

fûmes de nouveau cinglés à coups de fouet. Nous arrivâmes
à Brest le 30 Juillet. La nourriture se composait du fameux
café noir dont nous avons déjà parlé, d'une soupe maigre
distribuée de temps à autre. Plusieurs de mes camarades
mangèrent de l'herbe, des feuilles d'arbre et même de l'écorce
de bois pour ne pas mourir de faim.

Les épidémies et surtout les typhus régnaient à Brest, où
il n'y avait ni médecin ni médicament. Il y mourait chaque
jour de 40 à 50 personnes. Poussés par le désespoir et afin
d'échapper aux mauvais traitements et aux douleurs sans fin,
plusieurs de mes camarades se suicidèrent en se jetant dans
la rivière Bug.

Ils préféraient mourir d'un coup que de voir arriver bute-
ment la mort dans cet enfer polonais.

Nous y étions renfermés dans des casemates souterraines,
nous dormions sans couverture sur la terre sans même un brin
de paille sous nous. Il s'y trouvait également des prisonniers
bolchévistes qui étaient mieux traités que nous par les Polonais.
Deux lieutenants-colonels ukrainiens Scheller et Malyk furent
mis dans des cellules complétement sombres, parce qu'ils
avaient exprimé la volonté de se plaindre auprès du commandant du camp, pour les mauvais traitements que nous subissions.
Parmi les personnes qui s'acharnaient contre nous, nous citerons
le lieutenant polonais Laban, de Stanislawiw. Tout le monde a
la ferme conviction que le camp de Brest n'a qu'un but:
Servir à faire disparaitre tous les Ukrainiens qu'on y envoie.
Je parvins enfin à m'enfuir le 7 août 1919.

c) Le Colonel Jean Odowijczuk, commandant du 2e régiment
décrit la situation des prisonniers de guerre et des internés de
la manière suivante:

Le lieutenant polonais Januchewski me commanda de me
déshabiller à nu et me prit 1,100 Hrwyni (argent ukrainien) et
ma montre, ainsi qu'une partie de mes vêtements, mon manteau
militaire et mon imperméable dont il s'habilla immédiatement,

pendant ce temps un soldat polonais me frappa à coups de
fouet sur la tête et me blessa au visage. On m'arracha mon
alliance si brutalement que j'eus le doigt blessé, on remplaça
mes vêtements, par des guenilles. Je fus conduit ensuite dans
cet accoutrement au village de Bérémie où se trouvaient déjà
des prisonniers. Là je pus me rendre compte que les autres
n'étaient pas mieux traités que moi car sur eux aussi pleuvaient
les coups. En présence du commandant polonais Pittel tout le
monde fut dévalisé et frappé à sang à coups de bâtons. Les
soldats qui avaient servi dans la compagnie de mitrailleuses
furent frappé à coups de sabre, si bien que chacun avait 5
ou 6 blessures à la tête et sur le corps.

Ceux qui par suite des coups avaient perdu connaissance
furent transportés à Zolotyj Potik. En chemin les atrocités redoub-
laient. Un sergent major m'appuya le canon de son revolver
sur la poitrine et j'aurais été fusillé si à ce moment le commandant ne l'aurait pas fait appeler. Ensuite nous fûmes mis
en prison et martyrisés de coups. Pendant la nuit, on vint
enlever les guêtres à l'enseigne Kouzma, ceci sur l'ordre donné
par l'officier de l'état major.

Le transport dura cinq jours, du 11 au 16 Juillet 1919
pendant lesquels nous ne reçûmes aucune nourriture. Les soldats chassaient la population qui voulait nous donner à manger.
Pendant le trajet nous fûmes traités bestialement à Stanislawiw,
les employés de chemin de fer nous frappèrent. Arrivés à Peremychl, nous fûmes enfermés dans les baraquements de Zasanie,
dont le commandant était le lieutenant polonais Niedzwiedzki
qui nous fit placer par 13 et même plus, dans de petites cellules
situées auprès des cabinets d'aisance. La sentinelle nous demanda
100 couronnes pour nous permettre d'ouvrir la fenêtre pendant
une heure. Un grand nombre de prêtres et de personnes de la
classe intellectuelle, tous ukrainiens étaient entassées dans ces
cellules. Les traitements étaient affreux. A 10 heures du matin
on les faisait sortir, des cellules à l'aide du fouet, on les faisait

sauter et glisser sur le ventre; et afin que l'insulte soit plus
grande, ceci se passait avec accompagnement de chants populaires ukrainiens. Celui qui ne pouvait ou ne voulait exécuter
ces ordres recevait du fouet.

Nous rencontrâmes au camp d'internement de Peremychl
au delà du San une vingtaine de prêtres ukrainiens, près de
50 personnes de la classe intellectuelle, environ 30 femmes et
jeunes filles et une centaine de paysans. Parmi eux se
trouvaient des femmes avec de tout petits enfants,
des garçons et des fillettes, des invalides, des
vieillards, une femme sourde muette et un invalide
qui avait perdu le pied droit et les deux mains.
Les sentinelles y avaient un ordre tout spécial, celui de
frapper à coups de fouet tressés de fils de fer
barbelé toute personnes qu'elles rencontraient.
La première nuit un vieillard de 75 ans fût frappé de tels coups
qu'il en mourut le lendemain matin.

On y amena le 19 Juillet 1919 une mission de la Croix
rouge ukrainienne composée de 4 personnes que les Polonais
avaient arrêtées quoi qu'elles fussent couvertes par le droit
international; après avoir été enfermés pendant un mois à Léopol
il furent transportés ici. Le 20 Juillet 1919 fut formé un transport de prisonniers, à la tête duquel le lieutenant polonais
Niedzwiedzki fit placer deux prisonniers de guerre ukrainiens
qu'il ceignit de deux écharpes bleu et jaune sur lesquelles
était inscrit: Petljura, Petruszewycz, Ukraine, etc. et leur commanda de chanter des chansons obscènes. Comme ceux-ci refusèrent de chanter les coups de fouet furent leur punition. Le
transport dut ensuite traverser la ville sous les acclamations
ironiques dela population polonaise. Cette scène se répéta
à chaque transport.

Le 28 Juillet 1919 nous arrivâmes à Brest-Litowsk. Il y
avait là deux granges destinées aux instruments des sapeurs,
et où il n'y avait ni bas-flancs, ni fenêtres ni ventilation. Ce

fut notre logis. 5,500 personnes furent mises dans ces deux granges qui avaient tout au plus 200 pas de longueur sur 150 de large, si bien qu'il était impossible de se coucher pour dormir; pas même de faire un mouvement. L'air était si infecté que beaucoup faillirent étouffer. Nous ne possédions pas d'eau potable, et étions forcés de boire de l'eau de la rivière Bug qui contenait les microbes de toutes les maladies. Le camp était entouré de fils de fer barbelés. Lorsque nous demandâmes au commandant de la forteresse, le Général Gamota, d'avoir pitié de nous et d'améliorer notre sort, il nous répondit: "Soyez heureux de vivre, encore puisque vous avez voulu faire la guerre: Crevez!" En effet les gens mourraient comme des mouches dans ce campement et surtout de faim. Nous recevions deux fois par jour à manger. Le matin nous recevions de l'eau noire et sale nommée café, à midi une soupe de haricots, mais si peu que la moitié des prisonniers ne recevait rien et que l'autre moitié se jetait dessus comme des bêtes féroces sur leur proie. Ceux qui avaient faim mangeaient de l'herbe et les feuilles des arbres du campement. C'est à peine si ces malheureux pouvaient se tenir debout, tellement ils étaient faibles. Ils attendaient la mort comme un soulagement. Le typhus et la dysenterie régnaient au camp où il n'y avait ni médicin ni médicament. 50 personnes y mouraient par jour. Les légionnaires polonais se promenaient dans le camp, fouettant ces pauvres cadavres ambulants qui pouvaient à peine se remuer. Il est impossible de se faire une idée exacte de cette misère, de ces souffrances horribles, de la malpropreté dont souffraient ces personnes désespérées couvertes de poux.

Un jour un officier français vint au camp. A son arrivée les polonais lui dirent que nous étions des bolchewiks, à ces mots il rebroussa chemin sans vouloir nous adresser la parole.

d) Le lieutenant ukrainien Nicolas Merkoun du régiment U. S. S. qui réussit à s'enfuir du camp de Strżalkowa decrit de la façon suivante le sort que subissent nos prisonniers de guerre' et internés ukrainiens.

Je fus fais prisonnier dans le village de Katchaniwka près de Pidwoloczyska avec le colonel Malyk. Du champ de bataille on nous conduisit à Ternopil où l'on nous enferma à la prison dans laquelle se trouvait déjà une grande quantité de nos prisonniers et d'internés ukrainiens. Quelques jours après le 16 Juin 1919 on commença à nous évacuer, car les troupes ukrainiennes approchaient de Ternopil. A 10 heures du matin une patrouille polonaise pénètre dans notre chambre et nous chasse dans la cour de la prison. Ceux d'entre nous qui étaient gravement malades durent egalement quitter la chambre. Parmi eux se trouvaient le lieutenant Petriwskyj, l'enseigne Czaijkiwskyj, le professeur Iwachkewycz. D'aucuns avaient 40 degrés de fièvre et qui malgré cet état ils durent quitter le lit, sur l'ordre donné par le commandant polonais. Il y avait aussi des femmes et des petits enfants qui durent suivre le convoi. Ni les pleurs ni les cris de ces derniers n'éveillèrent un seul moment la pitié des polonais, au contraire ils s'acharnaient encore. On nous conduisit dans la direction de Zolocziw, nos soldats portaient les malades. Nous apprîmes à connaître l'hospitalité polonaise lorsque nous approchâmes de la ville. Les soldats nous frappèrent à coups de crosse et demandaient qu'on nous fusillie tous. La population polonaise nous accueillit en nous jetant des pierres et tout ce qui lui tombait sous la moin.

Plus loin les soldats commencèrent à nous dépouiller de nos vêtements et à prendre tout ce que nous possédions. En peu de temps beaucoup d'entre nous, moi entre autres étions en caleçon et en chemise seulement, sans chaussure.

Avant d'arriver à Ozirna, 8 personnes du convoi moururent en chemin et les cadavres furent laissés sur la route, sans qu'on les enterrât. On ne nous donna pas à manger, la permission de boire de l'eau était excluse. Nous arrivâmes à

Zoloczïw complétement épuisés le 17 Juin 1919 le matin; nous fûmes retenus pendant 8 heures sur la place, exposés aux insultes des soldats et de la population polonaise.

Le même jour à 3 heures de l'après midi on nous adjoint un convoi de 800 personnes qui venaient de Zoloczïw; l'on nous conduisit delà dans la direction de Léopol. Comme il fallait faire le voyage en chemins de fer on nous entassa de 50 à 60 personnes dans un wagon à bestiaux. Nous arrivâmes le 18 au matin à la grande gare de Léopol; 10 minutes après vient transport du 28ᵉ régiment d'infanterie polonaise qui s'arrêta devant nous. Aussitôt les soldats descendent du train, se jettent sur nos wagons et nous frappent. Les employés polonais de la gare visitèrent chaque wagon et nous regardaient comme s'ils eurent cherché des criminels. Parmi eux un polonais ingénieur dès chemins de fer, nommé Krzysztofowicz, comme je l'appris plus tard, entra dans notre wagon et reconnut l'ingénieur Malichewskyj. Devenu subitement furieux il s'écria: "Ah! c'est toi canaille qui a condamné à mort 18 "polonais à Zloczïw, tu mérites d'être enterré "vivant, si j'avais un revolver je t'abattrais comme "un chien".

Après avoir prononcé ces mots, il descendit de notre wagon et se mit à causer avec les soldats polonais du train qui se trouvait en face du nôtre. Quelques minutes après une bande de ces derniers se jette sur notre wagon, fait irruption en criant: "Où est cette canaille de juge". Les soldats de notre escorte désignèrent l'ingénieur Malichewskyj qui fut aussitôt assailli et frappé de coups de fouet à la tête, si brutalement qu'il perdit connaissance et tomba sur le plancher. Malgré cela les soldats continuèrent à le frapper à coups de fouet et à coups de talon. Cette foule furieuse qui ne pouvait tenir dans le wagon demanda qu'on fait descenre l'infortuné, ce que firent immédiatement les soldats de l'escorte. La foule alors se jeta de nouveau sur ce corps inerte, continuant à le mutiler et ce

n'est que le voyant inerte, le croyant mort, qu'ils jetèrent le
corps dans le wagon. Heureusement un de nos camarades, le
lieutenant Rause était docteur; il lui prodigua tous les soins
qu'il pouvait lui donner et ce n'est qu'après 3 heures d'éva-
nouissement que l'ingénieur Malichewskyj reprit connaissance.
Il faut savoir que cet ingénieur n'avait jamais été à Zolocziw,
qu'il n'était pas juge et qu'en outre il ne s'occupait pas du tout
de politique. Ce n'est qu'à 4 heures de l'après midi que notre
train fut dirigé sur Cracovie. Sur le parcours il y avait à chaque
gare une foule de gens qui demandaient à voir l'ingénieur
Malichewskyj. Ils avaient été avisés de son passage. Parmi ces
curieux il y avait des soldats, des employés supérieurs et in-
férieurs du chemin de fer, des dames et des jeunes filles polonaises, des jeunes et des vieux et tous insultaient et menaçaient
cette malheureuse victime qui gisait demi-morte sur le plancher
du wagon, et lui crachaient au visage plusieurs même avaient
marcher dessus. La saleté des wagons où nous étions enfermés,
le manque de nourriture était un terrain favorable aux épidémies
qui bientôt éclatèrent parmi nous. A Jaroslaw on conduisit
30 personnes à l'hôpital, 140 à Cracovie et avant que nous
arrivâmes au campement 100 autres personnes étaient tombées
malades. Pendant le trajet sont mortes 64 personnes de notre
convoi. Ce n'est que le 24 Juin que nous arrivâmes au camp
de Strżalkowa. Le 25 comme on nous conduisait au bain, le
lieutenaut polonais Malinowski, officier d'ordonnance du commandant du campement fit appeler l'ingénieur Malichewskyj.
Aussitôt, sous nos yeux, 20 soldats polonais qui étaient auprès
du lieutenant se jettent sur lui, le frappent à coups de fouet,
lui arrachent ses vêtements et continue la pluie de coups.
Il eut 4 côtes brisées, l'œil droit arraché et tout le corps ne
présentait qu'une plaie horrible.

e) Siméon Kuźmyn raconte qu'il fut fait prisonnier le
22 Mai 1919. Les soldats polonais lui prirent tout ce qu'il
possédait et l'emmenèrent enchainé à Turka. Il y resta 4 jours

63

n'ayant pas vu seulement l'ombre d'un morceau de pain. Pendant
le trajet à Brest-Litowsk lui et ses compagnons d'infortune
furent maltraités et insultés par les soldats et par la population
civile polonaise, surtout à Jaroslaw. Les soldats polonais frappèrent à coups de bâton, un colonel de la Grande Ukraine qui
sortait de l'hôpital de Stanislawiw, et crièrent: "Ça c'est pour
Léopol". Les officiers polonais étaient eux mêmes fautifs de
tous ces actes de monstruosité, puisqu'ils donnaient "l'ordre
"à leurs subalternes de fusiler sur place chaque
"Ukrainien". Un jour après la soupe, le poste polonais fit
rassembler les officiers et les prêtres ukrainiens, les forcèrent
à danser, à chanter, se moquant d'eux. On transporta à Sokal
un convoi qui dut attendre jusqu'au soir. Ces pauvres affamés
s'adressèrent au Comité de secours ukrainien qui après de longs
pourparlers reçut la permission de distribuer des vivres, dont
s'emparèrent immédiatement les soldats polonais. Pendant le
trajet à Kowel, les prisonniers et les internés furent de nouveau
pillés. Defense absolue était donnée de porter plainte. (Témoin S. K.)

Camps des prisonniers de guerre et des internés.

Afin de faire ressortir d'une façon aussi exacte que possible
que les Polonais ne poursuivent qu'un but, "l'extermination
de toute l'intelligence ukrainienne et de la classe
paysanne patriote", nous donnerons ci-après quelques
détails sur les faits qui se sont produits dans des camps de
prisonniers militaires et d'internés civils. Ces faits nous ont été
racontés par des témoins oculaires, par des Ukrainiens qui y
ont séjournés et ont été obligés de supporter ces mauvais
traitements.

Nous ferons savoir en premier lieu que toutes les prisons
de la Galicie sont bondées d'ukrainiens arrêtés, internés ou
prisonniers de guerre qu'ils n'y sont pas traités comme des

prévenus, prisonniers de guerre ou internés, mais pis que de
vrais criminels; aussi la majeure partie devient la proie des
épidémies et de la famine. Dans divers endroits, ces derniers
sont enfermés non seulement dans des casemates de prisons
de l'ancienne Autriche, mais aussi dans des casemates de prisons
russes, de même que dans d'anciens campements de prisonniers
de guerre, par exemple à Léopol, Peremychl, Pykulyczi près
de Peremychl, Dombie près de Cracovie, Wadowice, Wiśnicz,
Biala-Bilsko en Galicie; puis à Modlin, Demblin, Brest (ancienne
forteresse russe), Szczypiurna, Powiązki près de Kalisz, Varsovie,
Tomachiw, Cholm, Hrubesziw, Wolodawa, Sokolów dans l'ancienne Russie; enfin à Strzałkova près de Posen.

1⁰ Le camp des prisonniers de guerre et des internés à Dombie.

Un témoin oculaire qui y fut interné pendant un mois et
demi dit: "Ce camp qui est situé à 3 kilomètres de Cracovie
servit pendant la guerre comme camp d'internement pour les
Autrichiens qui y avaient transporté 12,000 prisonniers de guerre
russes, plus tard des italiens. Actuellement il renferme plus de
12,000 ukrainiens.

Tout le camp se compose de baraquements en bois, entouré
de très hautes palissades garnies de fils de fer barbelé. Ce camp
est gardé intérieurement et extérieurement par des sentinelles
placées à quelques pas seulement les unes des autres.

Les baraques en bois où sont logés les soldats prisonniers
de guerre et les paysans internés n'ont ni fenêtre ni ventilation.
Elles sont munies à l'intérieur de deux rangées de bas flancs
placées l'une au dessus de l'autre, sur chaque côté. 100 personnes
sont enfermées dans chaque baraque. Il n'y a ni paille ni couverture. En été il y fait une chaleur accablante, un froid glacial
en hiver. Défense expresse aux prisonniers de quitter ces baraques.

C'est un spectacle effrayant de voir ces pauvres malheureux presque nus, affamés et maigres à faire peur. La nourriture quotidienne se compose, le matin d'une eau sale et noire nommée café, à midi d'une soupe, faite avec l'eau dans laquelle a été cuite une certaine espèce de betteraves (betteraves pour le bétail) et où nagent quelques morceaux, puis un morceau de pain.

Aussi le typhus et la dysenterie y font-ils des ravages effrayants. Chaque jour le nombre de morts que l'on enterre s'élève entre 30 et 40. Les internés reconnus malades sont transportés à l'hôpital de Cracovie d'où en général ils ne reviennent pas. La majeure partie y meurt.

Aucune liberté n'est accordée aux personnes de la classe intellectuelle qui comprend des députés, des professeurs d'université, des employés, des prélats, des prêtres, des avocats, des docteurs et des officiers ukrainiens. Il est défendu à toute personne de sortir ou de recevoir des visites; on est pour ainsi dire complètement séparé du monde. Les lettres subissent une censure minutieuse, on ne laisse pénétrer aucun journal. Le règlement y est aussi sévère que dans une prison; la moindre petite incartade est punie d'imprisonnement de cellule sombre, où le délinquant est enfermé seul. Les tentatives d'évasion sont rigoureusement punies. Grâce à la corruption polonaise, ceux qui ont de l'argent arrivent parfois à s'évader. Les sentinelles ont l'ordre de tirer sur chaque personne qui cherche à s'enfuir. Par suite du long emprisonnement, le linge et les vêtements des prisonniers sont en lambeaux c'est à peine s'ils couvrent le corps, ce qui leur donne un air plus miserable encore. L'argent qu'ils ont sur eux, leur est confisqué et déposé au bureau du commandant du camp, de sorte qu'ils ne peuvent ameliorer leur sort en achetant quelque supplément de nourriture. Une mort lente occasionné par la faim est le résultat de tels traitements et de telle nourriture y fait elle des ravages épouvantables. Parfois les Polonais emmènent à Cracovie quelques

internés ukrainiens pouvant à peine marcher et sont employés
à nettoyer les rues de la ville, ou à casser des pierres sur la
route. Ces gens incapables de travailler étant si faibles par
suite du manque de nourriture sont exposés aux railleries et
aux insultes de la population polonaise chauviniste.

Le 3 Juin 1919 les soldats polonais de la compagnie de
garde organisèrent un pogrome ukrainien en prenant une centaine d'internés qu'ils frappèrent à coups de crosse, de fouet
et de verges en fer. Ceci se passe de la manière suivante: Le
commandant du camp, le capitaine polonais Krokowski, juge
de son état, dit aux soldats polonais rassemblés qu'il les lais-
sait libres sur le sort des prisonniers ukrainiens qu'ils
pouvaient faire ce qu'ils voulaient d'eux sans crainte de
punition. Le commandant donna à ce jour le nom de
"Permission pour les soldats polonais de
s'amuser avec les Ukrainiens". Le soir la patrouille
fut renforcée. Chaque soldat fut muni d'un verge de fer et d'un
fouet tressé. Au moment où les prisonniers furent conduits le
soir dans la cour pour la promenade, ces barbares se ruèrent
sur eux et frappèrent sans merci à tort et à travers. Ce carnage
dura jusqu'à une heure avancée dans la nuit, les soldats polonais étant entrés dans les baraques où ils continuaient les
mêmes atrocités n'épargnant même pas les femmes; pogrome
continua le lendemain où le sergent major Moskalewycz fut
grièvement blessé.

Il y avait des personnes détenues depuis des mois et des
anées, sans qu'on eut quelque chose à leur reprocher. Il faut
dire en passant qu'on ne procédait à aucune enquête pour les
internés et qu'on ne leur faisait subir aucun interrogatoire.

Actuellement il y a dans ce camp d'internement 6,000 Ukrainiens qui se répartissent de la façon suivante: 2,164 personnes
de la population paysanne, 360 prisonniers de guerre environ
200 employés de chemin de fer, 250 personnes de la classe
intellectuelle, dont 26 femmes. Cette dernière catégorie est

encore représentée par les personnes suivantes qui y sont
internées, savoir 23 prêtres, 71 employées, 21 juges, 84 instituteurs, 5 professeurs de lycée, 5 avocats, etc. Parmi les patriotes ukrainiens connus qui y ont été ou qui y sont encore
internés, nous citerons : le député docteur Zahajkewycz, le directeur Alexandre Jerema, le contrôleur M. Kebusynskyj, le professeur A. Sabat, le directeur I. Bilinskyj, le reviseur supérieur
O. Jurczynskyj, le juge A. Kolodij, le conseiller O. Pidlaszeckyj
et sa femme, le député Père S. Onyszkewycz, le prélat
A. Benżin, le député docteur W. Baczynskyj, le curé S. Kulczyckyj, l'abbé H. Moroz, l'abbé P. Kotowycz de l'ordre de
St. Basile, le directeur docteur W. Ochrymowycz avocat, le
curé W. Wengrymowycz, le curè K. Kosteckyj, l'ingénieur
P. Dzubynskyj, le député de la diète docteur Kormosz avocat, le grand propriétaire J. Zukowskyj, le propriétaire T. Bud-
zynowskyj, le notaire A. Swystun, le juge Z. Turjanskyj, le
conseiller J. Stronskyj, le directeur d'école K. Celewycz, le
reviseur des chemins de fer M. Rudynckyj, le directeur des
salines M. Welkopolskyj, l'abbé J. Kosonockyj, le propriétaire
et député Anton Staruch.

2⁰ Camp des prisonniers de guerre et des internés à Wadowice près de Cracovie.

Dans ce camp, le plus mauvais de tous les anciens camps
autrichiens qui fut construit pour les prisonniers de guerre, il
y a actuellement environ 15,000 prisonniers et internés ukrainiens. Leur situation est encore plus pénible que celle des
prisonniers de Dombie. Les baraques sont en bois et sans
fenêtre. En été il y fait une chaleur suffoquante en hiver un
froid terrible. Les prisonniers et internés y sont traités plus
durement qu'à Dombie, les sentinelles les battent et il y eut
un cas où une sentinelle tua, sans aucun motif, un prisonnier
à coups de baïonnette. La sentinelle polonaise frappa brutale-

ment le soldat ukrainien Szapowal avec une tige de fer destinée
à nettoyer les fusils. Ce fait fut constaté par une mission
étrangère. Parmi les internés, il y a une garde malade qui fut
obligée de porter un pantalon, ses vêtements lui ayant été
enlevés, même sa chemise par les légionnaires.

Au point de vue sanitaire, la situation y est impossible,
les soins médicaux font complétement défaut, c'est pourquoi
la mortalité est si grande. Les souffrances de la faim sont
horribles; on distribua premièrement un pain pour 5 personnes, ensuite pour 6 et enfin plus du tout. C'est pourquoi
ce camp est pourvu de mitrailleuses afin d'être sûrs contre
les émeutes.

Les poux et les punaises fourmillent dans ce camp. Le
manque de literie, de linge et la faim continuelle sont les causes
des maladies épidémiques telles que le typhus qui par
jour y font de 20 à 30 victimes. Comme punition, on
interdit une fois aux prisonniers de sortir de leurs baraquements
et là donc forcés d'y satisfaire leurs besoins naturels (dans
des gamelles). (Témoin P. R.)

3⁰ Camp des prisonniers de guerre et des internés à Brest-Litowsk.

Le plus intolerable de tous les camps est sans contredit
celui de Brest-Litowsk. Ce camp comprend la vieille prison
bâtie du temps de czars de Moscou dont l'aspect extérieur est
repoussant, et le "Szope Buch", vieilles baraques primitives
délabrées qui servirent pendant la guerre à l'armée autrichienne,
comme dépôts pour le matériel du génie.

L'état du camp de Brest est pitoyable. Dans la forteresse,
la nourriture est insuffisante, pas assez cuite, sans sel et indi-
gestible. Il y meurt chaqué jour 20 personnes. L'état sanitaire
est affreux, les malades, même atteints de maladies contagieuses
y sont pêle-mêle avec les personnes non malades. Les prison-

niers qui savent bien qu'ils ne seront pas délivrés de si tôt,
attendent la mort avec impatience, comme le seul remède aux
souffrances qu'ils endurent. Le campement des officiers n'est
pas mieux. Sans eau, les chambres sont sales et humides, l'air
est nauséabond et étouffant par suite de la pourriture qui y est.

Un jour une mission de la Croix Rouge americaine vint à
Brest-Litowsk pour s'informer de la situation des prisonniers.

Au nom de ces derniers un officier se plaignit de l'horrible
situation et des tourments dont ils souffraient dans ce camp.
A la suite de cette plainte, la nourriture fut améliorée pendant
une semaine. Mais les soldats polonais avaient juré de se
venger mortellement de cet officier. Ils le frappèrent jusqu'à
sang puis ils frottèrent les blessures avec du sel, p o u r a r-
r ê t e r l'e c o u l e m e n t d u s a n g. Ensuite ils jetèrent le corps
à demi-mort dans un fossé. Il nous à été impossible de savoir
ce qu'il était devenu de cet officier.

Un ancien officier décrit la situation à "Szope Buch" de la
façon suivante:

Les autres campements ayant refusé de nous admettre par
suite du manque de place, à Varsovie, à Szczepiurna, pas plus
que dans les campements de Posen, on nous transporta à
Brest au camp nouvellement installé appelé "Szope Buch".
Ces hangars représentent une surface de 200 pas de longueur
sur 150 pas de largeur. Il y a deux grands et un petit hangars
qui servaient sous le régime autrichien, de magasin pour le
matériel des sapeurs. Ces hangars n'ont donc, aucun aménagement, pas de plancher, ni de ventilateur et sans fenêtre; ils
sont situés tout au bord du Bug et auprès du petit hangar il
y a une latrine qui sert pour tout le camp. Le premier hangar
est divisé en deux parties, la première est destinée aux officiers,
la deuxième sert d'hôpital; les deux autres pour les hommes
de troupe 5,500 personnes y sont entassées les unes sur les
autres. Il est impossible de circuler librement, pas même de

s'y promener, car il n'y aurait par assez de place, si tout le
monde sortait en même temps. Nous demandâmes sans résultat
d'ailleurs au commandant du camp, le lieutenant polonais
Zborowski de Léopol de nous changer de place, notre baraque
se trouvant à trois pas des latrines. Son camarade le lieutenant
polonais Brenner est brute plus effrayante encore. Le camp est
entouré de fils de fer barbelés; il n'y a pas d'eau potable et
on y est force de boire l'eau de la rivière Bug, dans laquelle
s'écoulent les latrines. Tout le monde couche sur la terre,
n'ayant pas de lits, pas un même prin de paille. Une fois le
commandant Schamota, commandant de la citadelle vint au
camp. Nous lui demandâmes donc de vouloir bien améliorer
notre situation, à quoi il nous répondit: "S o y e z   c o n t e n t s
d e   v i v r e   e n c o r e ,   p o u r q u o i   c o m b a t t e z - v o u s ,   v o u s
p o u v e z   a u s s i   c r e v e r   c o m m e   c e l a". Malheureusement
ceci est trop vrai, car les gens meurent ici comme des mouches,
surtout de la faim. On ne reçoit que deux fois par jour à
manger; le matin de l'eau chaude appelée café noir, après midi
une soupe de pois secs. On distribue si peu de soupe que la
moitié à peine en reçoivent et les autres se jettent dessus
comme des bêtes féroces affamées. Lorsque nous arrivâmes
dans ce campement, il y avait de l'herbe et des feuilles aux
arbres; actuellement il n'y a plus trace de rien. Les hommes
arrachèrent l'herbe de la terre, les feuilles des arbres et les
mangèrent.

Tous ont l'air de squelettes en mouvement, les joues creuses
et les yeux hagards. Beaucoup ne peuvent plus se remuer et
gisent là dans l'ordure attendant la mort comme une délivrance.
La fièvre, le typhus et la dysenterie règnent en maîtres au
camp. 50 personnes y meurent quotidiennement, sans aucun
secours médical et sans assistance puisqu'il n'y a ni médecin
ni médicaments. Les soldats polonais se promènent dans le
camp, frappant à coups de fouet ces victimes à moitié mortes,
enveloppées de guenilles, et dont on entend au loin les cris

de détresse de ces gens fous de douleurs. Le reste des prisonniers est assis a demi nu dans les coins, faisant la chasse aux poux et aux insectes dont ils sont couverts. Un vrai tableau de Dante. Un colonel français vint visiter le campement, les Polonais lui dirent aussitôt que nous étions des bolchéviks et alors sans nous adresser la parole il quitta la camp en faisant un certain geste de la main. Nous apprîmes que le délégué américain Morgentau devait venir à Brest. Dans notre désespoir nous écrivîmes une lettre à nos compatriotes d'Amérique en leur demandant de nous envoyer du linge et des vêtements. Nous ne savons si la lettre leur est parvenue, l'ayant remise au bureau du camp où sans doute elle aura été détruite. Si les représentants de notre nation, ainsi que le monde civilisé ne font pas le nécessaires pour mettre un frein aux souffrances qu'endurent les victimes de ces polonais buveurs de sang, dans deux mois il n'y aura peus un homme vivant dans ce campement.

Par suite de l'intervention de la mission américaine, ce campement devait être désaffecté. Les Polonais comme toujours, ne faisant que ce que leur semble bon, ont laissé subsister ce camp qui existe encore aujourd'hui et où dans milliers d'Ukrainiens innocents sont la proie des tortures que leur font endurer les "Pacificateurs de la Galicie orientale".

Du 27 Juillet 1919 au 4 Octobre 1919, dans une période d'exactement 69 jours, 724 internés ukrainiens sont morts dans ce campement, des suites du typhus, de la dysenterie et des coups qu'ils ont reçus.

4. Camp des prisonniers de guerre et des internés à Peremychl et à Pykulyczi près de Peremychl.

La camp de Peremychl est un camp de passage pour les internés. Là les internés y sont retenus pendant quelques semaines, puis ensuite on fait un triage et on les expédie dans divers camps de la Pologne.

Au camp de Peremychl, la situation est effrayante. Les internés y sont entassés comme des sardines, bien portants ou malades atteints de maladies contagieuses tous ne font qu'un groupe. La nourriture y est exécrable; le matin le fameux café noir, à midi de la choucroute, ou des betteraves pourries ou encore des haricots gâtés, le soir de nouveau du café noir. Chaque jour deux petits morceaux de biscuit en guise de pain. Les prisonniers qui peuvent recevoir de la nourriture de chez eux supportent malgré tout le régime; mais ceux qui par contre ne recoivent rien sont dans un état déplorable. (Témoin A. W.)

Les Ukrainiens habitant Peremychl ont essayé, au moyen de souscriptions publiques, de faire distribuer un repas à midi à leurs compatriotes internés. Les gardes polonais ne permettent pas aux femmes qui en sont chargées, de faire la distribution. Les soldats polonais s'emparent des aliments, pour les distribuer, comme ils le disent, mais plus souvent pour le manger eux mêmes ou pour n'en donner qu'une partie vraiment infime aux internés. (Temoin B. K. D.)

La situation est indescriptible au camp de Pykulyczi près de Peremychl, où 20,000 prisonniers de guerre et internés ukrainiens sont détenus. Tous couchent sur la terre et le typhus y fait des ravages formidables, chaque jour on y compte de 60 à 80 morts. Là le menu de chaque jour se compose d'une soupe faite de légumes verreux ou poutri; pas autre chose est distribuée qu'une fois par jour. Les paysans de Pykulyczi ne peuvent rien faire, les sentinelles polonaises ne laissant approcher ni entrer personne. Les 25 août 1919 les paysans voulurent donner du pain aux prisonniers d'un convoi qu'on menait à Zasanle; aussitôt les légionnaires polonais se ruèrent sur eux avec fureur. Les officiers polonais tout comme les soldats traitent les prisonniers de la façon la plus brutale. Il n'y a pas un seul de ces malheureux dont le corps ne porte traces des coups qu'il à reçus.

Il y en a qui reçoivent chaque jour de 25 à 50 coups; les polonais battent à coups de fouet, de crosses, de barres de fer

et même à coups de poing. Un témoin P. S. H. dit comment
un sergent major battit à coups de barre de fer sur la tête, un
interné qui tomba immédiatement sans connaissance; ceci se
passa dans la baraque du commandant du camp. Le témoin
s'évanouit en voyant cela. Un témoin P. S. a vu comment le
lieutenant polonais Niedzwiecki, commandant du camp, frappa
plusieurs fois en plein visage le député Terszakoweć parceque
celui-ci voulait remercier les dames ukrainiennes qui avaient
apporté quelques choses pour les internés. Citons parmi les
membres de l'armée polonaise les plus cruels envers les prisonn-
niers : le lieutenant Niedzwiecki, l'enseigne Niedzwiecki, le
sergent major Wioncek, le sergent Lukaszewicz, le caporal
Getczynski et le soldat Augustin.

Fin Juin 1919 on mena des internés de Sambir à Peremychl.
On les maltraita de telle façon, que les internés des baraques
voisines ne purent fermer l'œil de la nuit par suite des cris
poussés par les victimes. (Témoins R. de S. P., W. W. de Ch.,
A. W. de R. M.) Le lendemain les personnes qui avaient été
traitées ainsi gisaient au milieu des baraques dans des flaques
de sang. Les témoins suivants S. S., T. H., R. P., A. W., et
d'autres internés peuvent donner des renseignements exacts sur les
mauvais traitements que subirent les internés du baraquement voisin

Dans les baraquements de Bakonczyce près de Peremychl,
on obligeait les internés à des travaux très pénibles, tout en
leur donnant une mauvaise nourriture et la moitié d'entre eux
trépassaient tous les coups comme récompense.

Le témoin R. de S. raconte qu'un jour il vit derrière une
haie trois personnes mortes des coups qu'elles avaient reçus et
que les corps restèrent plusieurs jours sans être inhumés.

Fin Juin 1919, 70 officiers ukrainiens qui avaient été faits
prisonniers près de Zolocziw furent conduits sous escorte à
travers les rues de Peremychl. Tous étaient déguenillés, portaient
des blessures, la majeure partie n'avait pas de chemise, étaient
nu pieds, les autres des souliers percés, quelques uns sans

képi et n'avaient reçu aucune nourriture depuis plusieurs jours
et impossible de s'acheter quoi que ce soit car leur argent
avait été soustrait.

Dans la deuxième quinzaine de Juin, 50 officiers ukrainiens
qui lorsqu-ils avaient été faits prisonniers étaient en bonne
santé durent être admis à l'hôpital de Peremychl. Ils avaient été
traités si brutalement au camp d'internement qu'ils avaient soit
les côtes brisées ou des blessures à la tête. Parmi eux se trouvait le capitaine C. de D. qui avait été tellement frappé qu'on
ne savait s'il en reviendrait. Sa sœur vint un jour lui rendre
visite et vis les autres victimes. Les dames du Comité de
secours voulurent apporter du linge aux malades, les Polonais
ne le leur permirent pas.

A Pykulyczi près de Peremychl il y a des prisonniers et
des internés ukrainiens dans 4 baraques d'hôpital. Ces hommes
couchent sur la terre sale et humide, sans rien sous eux, sans
aucun secours médical, enveloppés de linges sales ou même
n'ayant pas. 50 personnes y meurent journellement; souvent
ces morts restent deux jours parmi les malades.

La même chose se passe à Zasanie dans les baraquements
du 10ième régiment d'infanterie de l'ancienne Autriche. On compte
chaque jour de 10 à 20 morts dans les baraquements. D'après
les nouvelles données par des journaux, il y a actuellement
1,800 personnes atteintes de typhus à l'hôpital militaire.

5⁰ Camp de prisonniers de guerre et d'internés à Strzalkowa.

Le 26 Juillet 1919 il y avait dans ce campement plus de
10,000 personnes internées, parmi lesquelles environ 5,000 Ukrainiens. Presque tous étaient sans vêtements, pieds nus, peu
nombreux ceux qui avaient du linge. La mine de ces gens
faisait pitié à voir, la nourriture n'étant pas suffisante. Le matin
et le soir le fameux café noir, à midi une soupe d'orge et
c'était tout. Officiers et soldats avaient la même table.

Le campement se composait de cavernes creusées dans la terre et recouvertes de planches. Lorsqu'il pleuvait, ces trous étaient inondés la pluie rentrant de tout côté. Donc le 26 Juillet 1919, 3,000 internés furent malades, la majeure partie était atteinte de typhus et de grippe. Les soldats chargés de la garde du camp sont munis non seulement de leurs armes, mais aussi de fouets tressés avec des fils de fer, pour dresser les internés. Le témoin raconte: Plusieurs fois je fus témoin de la manière dont on procédait à l'exécution des tortures. Les soldats polonais conduits par le lieutenant Malinowski faisaient placer nos gens, les prisonniers ukrainiens sur un rang; ceux qui portaient un pantalon devaient le quitter. Lorsque le lieutenant Malinowski s'arrêtait devant un prisonnier, les soldats polonais accouraient aussitôt et le pauvre devait se coucher à terre. Le lieutenant lui posait le pied sur la nuque et commençait à le frapper à coups de fouet. Puis se tenait un soldat polonais vis à vis du supplicie, le revolver braqué sur lui afin de l'empêcher de se plaindre où de crier trop fort. Le témoin ajoute: Il était impossible de regarder ces actes de bestialité, beaucoup des personnes présentes s'évanouissaient.

En outre, toutes le nuits les sentinelles tirent à balles, sans aucun motif sur les baraques, aussi presque journellement y a t-il 5 ou 6 prisonniers de blessés et qui ensuite meurent par suite du manque de soins médicaux.

La mission de la Croix Rouge ukrainienne qui visita les camps d'internements ci-dessus ne pouvant arriver à faire changer cet état de choses, envoya un memorandum détaillé au Gouvernement polonais à Varsovie, ainsi qu'au Président de la Croix Rouge polonaise. Elle publia également dans les journaux des comptes rendus de ses inspections pour justifier les faits.

Afin de mettre un terme à ces atrocités, et pour améliorer le sort de ces malheureux, la mission ukrainienne demanda aux autorités polonaises au nom de la culture et de l'humanité de vouloir bien intervenir et de donner des ordres en conséquence. Elle attire tout spécialement leur intention sur les mauvais traitements pendant les transports de prisonniers aux camps d'internement et dans les prisons, ainsi que dans les hôpitaux. Elle fait aussi ressortir que d'après la circulaire du Ministère de la guerre, les internés et les prisonniers de guerre devraient être relâchés depuis longtemps. Que malgré cette circulaire, plus de 20,000 internés et prisonniers de guerre sont encore enfermés surtout à Léopol, Stanislawiw, Dombie, Wadowice, Wisnicz, Strzalkowa, Sczypiurna, Brest-Lytowsk, Peremychl, Pykulyczi et dans la citadelle de Modlin. Par suite de la famine dont ils souffrent pendant des mois entiers, des mauvais traitements dont ils sont l'objet, du manque de vêtements et d'argent qu'on leur a pris, de luer séjour dans des lieux malsains et du mauvais état de l'approvisionnement, des milliers de personnes victimes des épidémies, meurent dans les hôpitaux ou dans les camps d'internement, ou quittent alors ces lieux dans un état tel qu'il leur faudra des années et des années pour se remettre, si elles en échappent.

Les camps sont des foyers d'épidémie de typhus et de tuberculose qui par suite du manque de moyens hygiéniques préventifs infecteront bientôt tout le pays. La mission prouve également qu'outre les milliers de personnes retenues dans les camps d'internements, autant sont en outre enfermés dans des prisons. Elle démontre surtout que. 1⁰ La fameuse prison de Brygidki à Léopol qui est spécialement affectée aux criminels, sert actuellement de station de passage pour les internés et que ceux-ci y sont souvent retenus pendant des mois entiers sans qu'on leur fasse subir le moindre interrogatoire. 2⁰ Que dans les prisons de la gendarmerie de campagne à Léopol, les internés sont enfermés dans des caves. Que d'après des renseignements authentiques, les legionnaires polonais Winnicki et Swigot, mettent, sans aucun motif, les internés, officiers et pêtres aux fers, les frappent à coups de crosse sur la tête et au visage de telle façon qu'ils sont méconnaissable. Souvent les délégués de la Croix Rouge ne reçoivent pas la permission d'y entrer. Les cellules sont tellement pleines qu'il arrive souvent que 40 personnes sont enfermés dans un espace destiné à 5 où 6 au plus. La nourriture est insuffisante et très mauvaise. 3⁰ Qu'à Wisnicz où les plus grands criminels sont détenus, les internés furent enfermés avec eux, et qu'ils y furent insultés et volés.

Que des enfants de 14 ans, des lycéens y sont obligés d'exécuter les plus pénibles travaux. Que souvent les internés y sont plus mal traités et d'une manière plus brutale que les criminels. Il y est expressement défendu de faire venir des vivres du dehors, ou de s'acheter de meilleurs aliments, d'y recevoir des visites et de lire des livres ou des journaux. Si un interné enfreind ce règlement, il est ensuite frappè de coups de fouet par les gardiens.

Le rapport de la Mission décrit d'une façon exacte et très claire la pénible situation des internés et des prisonniers de guerre. Elle est tout à fait en concordance avec les faits que nous décrivons ici.

Afin de prouver que les détails que nous donnons ici sont exacts qu'il n'y a aucune exagération et pour pouvoir prouver mieux la vérité, nous donnerons ci après presque mot à mot, un article sur la "Situation des camps de prisonniers et d'internés" publié le 16 Octobre 1919 dans le No. 339 du journal polonais le "Robotnik":

"Les conjonctures qui règnent dans les camps de prisonniers de guerre à Brest et à Modlin sont effrayantes."

"Le campement de Brest est une honte, une horreur pour l'Etat polonais. Le visiteur peut devenir fou de désespoir en visitant le "Bugszoppy" ou le fort de Berg voyant la vie qu'on y mène. Les Ukrainiens sont internés à "Bugszoppy"; ce sont de vieilles cassemates russes et des baraques en argile, sans fenêtre, qui ont été un peu réparées par les allemands, dans lesquilles il n'existe aucun basflanc, aucune planche et où les internés sont forcés de séjourner sur un terrain humide, sans paille recouvert par ci par là de branchages ou d'herbe.

La façon dont ces personnes sont abritées, joint au manque de nourriture — un morceau de pain par jour et de l'eau sale — est encore amoindri par suite de vols commis chaque jour par les fonctionnaires polonais, dont plusieurs, officiers et sous-officiers sont actuellement emprisonnés pour vols. Après avoir pris environ un demi million de marks polonais, ils font que ces camps d'internements sont, sans aucune exagération, de vrais cimetières. Il y a 2 mois, on enlevait chaque jour de 50 à 100 cadavres de ce camp qui renfermait 6,000 prisonniers de guerre. Une épidémie de dysenterie faisant un nombre incalculable de victimes, sévit parmi ces malheureux affamés. Ajoutez à cela qu'il y a auprès de l'hôpital une place où les cadavres sont restés 3 semaines sans être enlevés, et avaient été rongés par les rats. Les corps sont ensevelis si peu profondément qu'au bout d'un certain temps les ossements sortent de terre. Rien de surprenant si les épidémies vont en augmentant; ajoutez à cela que les soldats qui font le service de garde sont aussi une contagion pour leurs camarades. Les prisonniers de guerre ukrainiens ne sont plus l'ombre d'eux-même. Beaucoup ne peuvent plus parler; d'autres ne vont même pas chercher leur nourriture, car ils ne peuvent plus se lever et resteront dans cet état jusqu'au dernier moment. Une mère, habitant la Galicie orientale et parlant polonais, vint un jour voir son fils. Il est dans le camp, couché sur la terre, les yeux hagards, grinçant des dents . . . il n'est pas malade, il n'a plus de fièvre... Sa mère est assise auprès de lui, comme une statue, complètement désespérée, sans pouvoir verser une larme: que doit elle faire! . . . La femme de ce pauvre prisonnier rentrée après bien des difficultés, les visites étant défendues, lui a apporté quelques aliments. Après beaucoup de supplications avec beaucoup de peine elle arrive pourtant à lui faire prendre quelque chose . . . il mange un peu et s'éteint.

C'est un vrai défilé de morts que l'on voit à midi lorsque
ces prisonniers sortent de leurs baraquements pour aller chercher
leur nourriture; tous sont affamés et ont l'air comme pétrifiés
par le froid. Ils se disputent la maigre ration et les restes que
l'on jette de la cuisine. Ils mangent les baies sauvages et
l'herbe qui pousse; et cherchent parmi le crottins les quelques
grains qui s'y trouvent et qu'ils font cuire ensuite avec des
épluchures de pommes de terre.

La nuit ils tremblent de froid, n'étant qu'en haillons. Voila
quelque temps ils essayèrent de faire un peu de feu pour se
chauffer; aussitôt la garde arrive, les sépare à coups de crosse,
éteint le feu, car beaucoup auraient pu être asphyxiés par la
fumée. A peine s'il peuvent marcher, tellement ils sont faibles;
lorsqu'on veut les faire aller plus vite et qu'ils s'excusent de ne
pouvoir le faire, alors les coups de crosse pleuvent dru et ferme,
car comme disent les soldats polonais "d'une manière ou d'une
autre, cet homme n'a pas pour longtemps à vivre".

Plusieurs meurent sous les coups n'ayant plus la force de
les supporter, Un soldat polonais du Duché de Posen parcourt
continuellement le camp, armé d'un bâton, frappant à droite et
à gauche n'importe où, sur la tête ou au visage, plusieurs
mêmes eurent les yeux arrachés ou enfoncés. Quelques uns se
sont déjà noyés de désespoir, d'autres se sont ouverts la gorge
avec leurs couteaux.

C'est un spectable horrible.

On y a envoyé des délégués de la diète polonaise, une
amélioration devait avoir lieu. Quelques criminels furent arrêtés,
et lorsqu'on fit une nouvelle constatation, l'ordre fut bientôt
rétabli; malgré cela la situation est indescriptible et sera pire
encore l'hiver prochain.

"Il est grandement temps que les coupables soient punis
et mis au pilori".

Ce sont les propres paroles d'un journaliste polonais, que personne ne pourra accuser de vouloir calomnier ses compatriotes.

III. Réquisitions. Vols. Dommages.

Pendant qu'elles occupèrent la Galicie orientale, les troupes polonaises firent tout ce qu'elles purent pour ruiner matériellement la population ukrainienne. En effet elles incendièrent des villages entiers, mirent le feu à tout ce que possédait la population, firent un nombre incalculable de réquisitions et en plein jour organisèrent ces pillages les plus audacieux. Il n'y a pas un seul village ukrainien de la Galicie orientale qui n'ait pas été la proie des pillages ou des réquisitions forcées et gratuites. Les troupes polonaises prirent à la population paysanne tout ce qu'elle possédait, le blé, le bétail, tout le matériel agricole, même le linge, les vêtements et les chaussures, si bien qu'elle fut réduite à la mendicité pendant l'hiver. Nous citerons comme exemple les faits suivants.

I⁰ Incendies :

1⁰ Dans le village de **Bortiatyn,** près de Sudowa Wysznia, les troupes polonaises, sur l'ordre du lieutenant Ablamowicz incendièrent 96 fermes. (Témoins K. W. et K.)

2⁰ Dans le village de **Babyna** (arrond. de Sambir), des détachements polonais incendièrent, sans aucun motif, plusieurs fermes, entre autre celle de Kuzbida.

3⁰ Dans le village près de **Bartatiw** (arrond. de Horodok), les troupes polonaises incendièrent 10 maisons et il etait exclusivement detendu aux propriétaires et habitants d'éteindre le feu. (Témoins D. B., A. M., S. K., O. M.)

4⁰ Dans les villages de **Demianiw** et **Pukiw** (arrond. de Rohatyn), à **Zabolotci** (arrond. de Brody), à **Kamine,** à **Ribno,** à **Hawryliwka** (arrond. de Nadwirna et de Stanislawiw), presque toutes les fermes de paysans furent détruites par le feu et les villages pillés. Les villages de **Hruszka** et de **Slobidka** (arrond. de Towmacz) eurent le même sort.

5⁰ A **Kotiwka** presque toutes les maisons furent brûlées; de même les polonais empêchèrent tous les travaux qui auraient pù arrêter les progrès de la destruction. En outre ils arrêtèrent le fermier Iwan Czernysz âgé de 70 ans et son fils Ilco, qui essayaient d'éteindre l'incendie de leur maison, les maltraitèrent et les emmenèrent vers une destination inconnue.

6⁰ A **Koblańska Wola** (arrond. de Staryj Sambir), les polonais ont incendie 27 fermes, et on tiré sur les habitants qui s'enfuyaient des flammes. (Témoin D. C.)

7⁰ A **Korni** (arrond. de Rawa Ruska), plusieurs maisons furent incendiées sans aucun motif.

8⁰ A **Komancza** (arrond. de Sanik), les troupes polonais incendièrent 8 maisons, **Szczawne, Turynsko, Pryluski** eurent le même sort. Il y eut de 8 à 10 maisons de brulées dans chacun de ces villages. Les dommages se montent à plusieurs millions.

9⁰ A **Nowosilky** (arrond. de Peremychl), 30 maisons de paysans, ainsi que les granges, établis ou écuries y attenant furent la proie des flammes.

10⁰ A **Putiatynci** (arrond. de Rohatyn), les troupes polonaises réduirent en cendres 27 fermes.

11⁰ A **Radynyczi** (arrond. de Mostyska), les polonais incendièrent le 21 Mars 1919 8 fermes et tout le village fut pillé; 9 personnes ont péri dans les flammes. (Témoin A. W.)

12⁰ A **Sawalusky** (arrond. de Buczacz) la ferme de Cyprian Baran fut incendiée le 5 Juin 1919; les dommages sont évalués à plus de 20,000 couronnes.

13⁰ A **Selyska** (arrond. de Peremychl) 37 fermes furent la proie des flammes. Pendant l'incendie, les polonais poussèrent les enfants dans les bratiers.

14⁰ A **Torky**, à **Jaksmanyczi**, à **Medyka** (arrond. de Peremychl), à **Sokola** (arrond. de Mostyska) plus de la moitié des maisons devint la proie de l'incendie qu'avait allumé les polonais.

15⁰ A **Tysoweć** (arrond. de Skole) les polonais incendièrent tout le village sous prètexte d'attrapper plus facilement les déserteurs. Pendant l'incendie les soldats tiraient sur les paysans qui s'enfuyaient. Le village n'est qu'un monceau de cendres. Les habitants complètement ruinés demeurent dans des cavernes creusées sous terre ou dans des huttes d'argile, mourant de faim. (Témoin N. F.)

16⁰ A **Czerniawa** (arrond. de Mostyska) les uhlans polonais du 3ᵉ régiment ont incendié le 13 Mars 1919, 12 fermes.

17⁰ A **Czercze** (arrond. de Rohatyn) les soldats polonais incendièrent plusieurs maisons et jetèrent dans le brasier des enfants qui s'enfuyaient. Beaucoup de paysans furent frappés de coups de baïonnettes. 21 fermes ont été complétement incendiées.

II⁰ Dans l'arrondissement de Czortkiw et dans les environs de **Solotwyna,** les légionnaires polonais, malgré leur suffisance de fourrage et d'herbe pour leurs chevaux, fauchèrent les champs de blé, seigle et froment, qui n'étaient pas encore mûrs.

III⁰ A **Léopol** les polonais emportèrent tout ce dont ils purent s'accaparer de l'imprimerie "Stawropigia", plusieurs machines à imprimer et 11 moteurs électriques. En outre ils pillèrent les imprimeries, les bibliothèques et les archives de l'ordre de St. Basile à Zowkwa et à Krechiw, puis ils déchirèrent les livres et les jetèrent dans la boue des rues.

IV. Certains villages ukrainiens furent mis à contribution par les Polonais, afin de ne pas être incendiés et pillés.

Pour cela is employèrent différents prétextes et differentes méthodes. Souvent ces contributions étaient nommées par eux: "Emprunt de guerre forcé"; c'est ainsi que les villages suivant furent contraints à payer:

Tustanowyczi 500,000 couronnes, Horożanka 60,000, Zawaliw 17,000, Kosiw 15,000, Hajiwyżni 30,000, Nahujewyczi

6*

100,000, Sileć 50,000, Dereżyczi 50,000, Koropeć 20,000, Truskaweć 100,000, Modrycz 50,000, Lisznia 200,000, Dobriwlany 160,000, Doroziw 100,000, Opaka, Broczycia, Berechy, Kilczyci plusieurs milliers de couronnes etc.

V⁰ Pendant leurs marches et l'occupation de la Galicie orientale, les Polonais, sous forme de réquisitions, pillaient tout ce qui leur tombait sous la main. Tout ce que possedaient les paysans, les commerçants, les propriétaires d'ateliers, les institutions publiques, la classe intellectuelle ukrainienne, les prisonniers de guerre ne furent pas épargnés par les Polonais; leur linge même fut pris. Cela va sans dire que dans tous les villages de la Galicie orientale, ces réquisitions furent faites sans qu'aucun dédommagement fut payé malgré que les Polonais prirent tout le bétail, le blé, la graisse, le lait, même les vêtements et les chaussures. Des centaines de paysans sont réduits à la plus affreuse misère et en proie au typhus qui les achève.

Quelques exemples de la façon dont ces réquisitions furent faites, nous montreront la façon d'agir des Polonais. A. Pidpeczary près de Towmacz ils prirent la dernière vache à une pauvre veuve nommée P. Zubariw. Lorsque celle-ci demanda une quittance, les Polonais en rédigèrent une avec les mots suivants: "Donner au porteur de la présente 7 coups de pied dans le . . . lorsqu'elle voudra faire valoir ses droits". Cette quittance ne portait aucune date, mais un nom, sans doute faux "Jan Pedziwlas". En général il n'était délivré aucune quittance pour les réquisitions. (Témoins D., A. B., H., Sch., S.)

Il n'y a qu'à se rendre dans le premier village venu ukrainien pour se faire une idée de l'état de misère dans lequel se trouvent les paysans par suite des réquisitions faites par les Polonais. Afin de pouvoir agir tout à leur aise ceux-ci expulsèrent les maires des communes et les remplacèrent dans beaucoup d'endroits par un de leurs compatriotes qu'ils nommaient commissaire. Il arriva même que dans des communes

où il n'y avait aucun habitant "polonais" que le commissaire
était un polonais d'une commune voisine. Chez eux la valeur
morale d'un tel homme ne joue aucun rôle; c'est ainsi que le
commissaire chargé d'administrer la commune de Smilna, arrond.
de Drohobycz, était un polonais de Bistritz déjà condamné et
enfermé plusieurs fois pour vols. A peine était-il entré en
fonction qu'il fit une réquisition de toile, chaque maison devait
en fournir 3 mètres. La gendarmerie le seconda d'une façon
efficace dans son travail, il va sans dire que la majeure partie
de la toile réquisitionnée fut gardée par lui.

Nous donnerons ci après quelques exemples des abus et
des chicanes auxquels furent exposés les Ukrainiens de la
Galicie orientale.

1° A **Babyna** (arrond. de Sambir), les soldats polonais
volèrent au curé Petryk et aux paysans tout ce qu'ils purent
emporter, argent, chevaux, vaches, cochons, poulets, oies, blé,
farine, vêtements, linge, etc. Ils mirent le feu à la maison du
paysan Kuzbyda, frappèrent le nommé Thédor Towarnyckyj, le
traînèrent par les pieds sur la route et continuèrent à le frapper
à coups de crosse d'une telle manière qu'il en fut mortellement
malade. Ils volèrent à l'institutrice tout ce qu'elle possédait.

2° A **Wodnyky** (arrond. de Bibrka), les soldats polonais
prirent aux paysans tout leur argent, leurs vêtements et leur linge.

3° A **Howyliw welykyj** (arrond. de Husiatyn), le 15 Juin 1919
les légionnaires polonais entrèrent chez François Pawurskyj, dé-
foncèrent sa commode et prirent 5,286 couronnes. (Témoin W. S.)

4° A **Drohobycz**, les légionaires polonais pillèrent le magasin
de la société "Narodna Torhowla" et firent la même chose
dans les succursales de cette société à Sambir, Peremychl et cetera.
Les légionnaires emportèrent de Drohobycz tout ce qu'ils purent,
et ils brulèrent le reste; ils y pillèrent également le "Narodnyj
Dim" (Maison Nationale).

5° A **Zabolotci** (arrond. de Brody), le 23 Juin 1919 les
soldats polonais pillèrent tout ce que possédait le curé Sucha-

rowskyj et ensuite l'assassinèrent. Ils lui prirent environ 10,000 couronnes d'argent comptant et tout ce qu'ils purent trouver dans sa maison et dans sa métairie. (Témoins N. K. et K.)

6⁰ Près de **Zoloczïw,** les soldats polonais volèrent à 10 prisonniers ukrainiens tout ce qu'ils possédaient. Ils arrachèrent les vêtements du commandant ukrainien Leyer qui avaient été assassiné et s'accaparèrent de son argent et de tout ce qu'il y avait dans ses poches.

7⁰ **A Bereżany,** les soldats polonais prirent au l'abbé Wasyl Dubickyj, de l'argenterie pour une valeur de 15,000 couronnes. (Témoin H. B.)

8⁰ **A Kopyczyncy,** les légionnaires polonaises de la 3ᵉ Brigade arrachèrent les vêtements á 29 prisonniers ukrainiens et leur prirent tout leur argent. (Témoin T. S.) Ils pillèrent le magasin de la société "Silskyj Hospodar" pour une valeur de 181,134 couronnes; à la société "Podylje" pour 382,720 couronnes; tout l'ameublement du "Narodni Dim" d'une valeur de 1 million; la bibliothèque et l'aménagement du lycée ukrainien, d'une valeur de 25,260 couronnes; la caisse de la commune de Oryszkiwci, contenant 14,000 couronnes. En outre 3 officiers polonais de la colonne Abraham prirent 208 sacs de sucre d'une valeur de 500.000 couronnés, puis pour 300,000 couronnes de tabac des magasins de la société Zhoda et du "Narodni Dim". Les soldats polonais du service sanitaire confisquèrent et vendirent tous les objets d'alimentation qui avaient été laissés dans les hospitaux ukrainiens, si bien que les malades n'avaient plus rien à manger.

9⁰ **A Kotiwka** (arrond. de Husiatyn), les légionnaires polonais prirent à Barbara Czernýs des objets d'une valeur de 12,000 couronnes et à Nikolas et Thècla Zahajdak 3,610 couronnes. Ils incendièrent aussi la ferme de Zahajdak. (Témoins W. C. et F. S.)

10⁰ **Kryczka** (arrond. de Bohorodczany), un lieutenant polonais de cavalerie, arracha les vêtements du sergent major ukrainien Petro Makar qui resta complètement nu.

11⁰ A **Krowinka** (arrond. de Terebowly), les soldats polonais pillèrent Jean Steliuk et Paraska Pasik. (Témoin S. M.)

12⁰ A **Lapszyn** (arrond. de Bereżany), les soldats polonais pillèrent les paysans et frappèrent le fermier Hłuszka qui en fut gravement malade.

13⁰ A **Lastiwky** (arrond. de Drohobycz), les légionnaires polonais emportérent 10 chariots chargés de ce qu'ils avaient pris aux paysans. (Témoin P. M.)

14⁰ A **Mszanka** (arrond de Husiatyn), les soldats polonais pillèrent toute la population. Ils volèrent pour plus de 16,000 couronnes au nommé Grégoire Slobodian, le frappèrent et l'emmenèrent ensuite comme otage. Les dommages causés par les polonais se montent à plus de 50,000 couronnes dans cette commune. (Témoins H. S., P. K. et N. D.)

15⁰ A **Nahujewyczi** (arrond. de Drohobycz) le 22 Novembre 1919 la gendarmerie polonaise rassembla sur la prairie devant l'église toute la population qu'elle divisa en 3 parties. La première se composait d'enfants de 10 à 16 ans qui furent enfermés dans le clocher; puis ensuite les gendarmes allumérent tout au tour de la paille pour forcer les enfants à dire qu'ils avaient trouvé des armes dans le village. Le deuxième groupe composé de personnes de 16 à 35 ans reçut l'ordre de se coucher à plat ventre et de brouter l'herbe pendant deux heures; celui qui osait se relever était immédiatement frappé à coups de talon sur la tête puis ensuite conduit aux arrêts de la mairie, ou il était attaché au mur la tête en bas et frappé à coups de bâton. Les victimes étaient frappées avec une telle brutalité que des lambeaux de chair se détachaient du corps. Le curé fut obligé d'administrer sur place deux des victimes mourantes. 27 des personnes qui ont été frappées furent conduites aux camps d'internements et dans les prisons de Brest. Le 3ᵉ groupe composé de personnes audessus de 35 ans dut rester pendant deux heures les bras levés et les doigts croisés. Malgré que les gendarmes n'aient pas trouvé d'armes dans le village, ils pré-

levèrent une rançon de 100,000 couronnes et prirent quatre
fermiers comme otages. (Témoins N. D., N. T., H. T., K. D.,
J. O., D. B.)

16⁰ A **Peremychl,** dans la nuit du 11 au 12 Novembre 1918
les soldats polonais pillèrent tout le quartier juif et les appartements de plusieurs ukrainiens, parmi lesquels le docteur Kormosz
avocat eut pour 170,000 couronnes de dommages et le docteur
Zahajkewycz 100,000 couronnes. Les soldats polonais entraient
dans les maisons sous prétexte d'y chercher des armes. Dans
la nuit ils firent sauter 4 coffres-forts d'institutions publiques,
ceux de la société de crédit "Wira", du "Narodny Dim", de la société "Krajewyj Sojuz Hospodarskich Spilok" et y prirent tout
l'argent qui s'y trouvait environ 20,000 couronnes. Le docteur
Kormosz, avocat, qui était interné envoya au Commandant militaire polonais une demande priant de placer une sentinelle
de garde près de la maison de la Société "Wira" qui avait
été détériorée par les grenades, et cela afin de garder les dépôts
qui s'y trouvaient. Cette demande resta sans réponse. Les légionnaires polonais pillèrent également le magasin de "Krajewy
Sojuz Hospodarskyj Spilok". (Témoins K. F., M. W., R. J., P. B.,
S. H. et les actes.)

17⁰ A **Pawelcze** (arrond. de Stanislawiw) les soldats polonais
réquisitionnent 5 pièces de bétail d'une valeur de 25,000 couronnes au moins et ne donnent qu'une quittance de 1,200 couronnes que personne ne veut payer.

18⁰ Dans l'arrondissement de **Rohatyn,** presque tous les
paysans furent pillés sur l'ordre donnée par le commandant
polonais Abraham.

19⁰ A **Hraboweć** (arrond. de Bohorodczany) le sous-
préfet polonais ordonna d'enlever toute la toiture en tôle
de la grange de la société "Proswita". Cette société eut de ce
fait un dommage de plus de 10,000 couronnes qui n'a jamais
été remboursé.

20⁰ A **Selyska** (arrond. de Peremychl) et à **Selyska** (arrond. de Jaworiw) ainsi que dans d'autres villages de ce dernier arrondissement, les légionnaires polonais pillèrent presque tous les paysans et s'emparèrent de tout se qu'ils pouvaient emporter, argent, bétail, blé, vutements, chaussures, linge, etc.

21⁰ A **Sileć, Wilszanyk** et à **Side** (arrond. de Sambir) tous les paysans furent pillés par les soldats polonais le 17 Mai 1919.

22⁰ A **Smilna** (arrond. de Drohobycz), après que le curé Hruszkewycz y fut arrêté, les gendarmes polonais venaient presque chaque jour dans la maison du curé, sous prétexte d'y faire des recherches et se faisaient servir à manger par la femme du curé qui était restée sans aucun secours avec 8 enfants.

23⁰ A **Stanislawiw** les avocats Band, Worobeć et leurs compagnons qui avaient été arrêtés par les polonais et devaient être conduits à Brest, furent complètement pillés par les soldats polonais de l'escorte, pendant le trajet. Ceci se passa avant Rawa Ruska. Les soldats polonais qui étaient logés dans le lycée ukrainien de cette ville emportèrent toutes les tables et toutes les chaises ainsi que le coffre fort de cet établissement contenant 18,000 couronnes. Les pupîtres des élèves furent entièrement saccagés. Ils emportérent plus de 125,000 feuilles de papier destinées pour les cahiers des élèves; puis pendant la révision qui eut lieu chez le directeur, dans le lycée, ils prirent, les étoffes destinées aux élèves, ainsi qu'un demi sac de sucre pour le thé de ces derniers et beaucoup d'autres choses encore. Toute la bibliothèque fut ou volée ou détruite. (Témoin H. N.) Ils prirent également dans l'appartement du directeur du lycée un bureau américain, une machine dactylographique et plusieurs autres objets d'une valeur de plus de 20,000 couronnes.

24⁰ A **Stryj** le curé Ostap Nizankowskyj fut volé et tué par les polonais. Ils volèrent les dépôts qu'on lui avait confiés, entr'autre 880,000 couronnes appartenant à la caisse de la "Caisse

Zadatkowa" de Stryj et 50,000 couronnes appartenant à Madame Joseph Bobykewycz. (Témoin O. B.)

25⁰ A **Suchostawy** (arrond. de Husiatyn), les soldats polonais pillèrent presque tout le village, les dommages sont évalués à 50,000 couronnes. (Témoins O. D. et A. W.)

26⁰ A **Towarnia** (arrond. de Stary Sambir), trois gendarmes polonais vinrent chez le chantre, prirent les clefs de l'église, y firent sauter la caisse et emportèrent 800 couronnes.

27⁰ A **Firlijiw** (arrond. de Rohatyn), les soldats polonais prirent aux paysans, pendant les journées du 20 au 26 Juin 1919, tous les produits alimentaires, l'argent et divers ustensiles de ménage.

28⁰ A **Chorostkiw,** le 4 Juin 1919, les légionaires polonais pillèrent toute la ville, frappèrent les paysans et les juifs, entr'autre la nommée Czarna Walak. (Témoins J. T., B. A. et M. F.)

29⁰ A **Czerniw** (arrond. de Rohatyn), dès leur arrivée les soldats polonais prirent 56 chevaux et voitures. Nicolas Schtych qui s'était caché avec ses chevaux dans la forêt fut fusillé, et l'enfant qui ne voulait pas permettre aus soldats de prendre les chevaux fut frappé.

Dachkewycz qui s'était plaint au commandant militaire polonais des pillages que les soldats avaient faits chez lui, fut frappé ainsi que sa femme d'une telle façon qu'ils durent garder le lit pendant trois semaines.

30⁰ A **Czortkiw** les soldats polonais du détachement Abraham emportèrent 250,000 couronnes de la caisse de la société ukrainienne "Nadija". (Témoin R. J.)

31⁰ A **Jabloniw** (arrond. de Husiatyn), les soldats polonais pillèrent presque tout le village et frappèrent de 25 coups de bâton le nommé Nicolas Fik. (Témoins M. K. et W. S.)

32⁰ A **Jaksmanyczi** (arrond. de Peremychl), le 11 Juillet 1919 les soldats polonais molestèrent les personnes qui se

rendaient à la messe, leur arrachèrent leurs vêtements, leur linge
et leurs chaussures.

33⁰ A **Oryszkiwci** (arrond. de Husiatyn), les soldats
polonais volèrent 20,000 couronnes de la caisse de la commune en disant: "Les cochons n'ont pas besoin d'argent".
(Témoin P.)

34⁰ A **Tudoriw** (arrond. de Husiatyn), les soldats polonais
pillèrent le village pendant deux jours. Ils saccagèrent les
maisons du professeur Nikorowycz, du prêtre Sonewyckyj et du
fermier Jean Czajka qu'ils arrêtèrent ensuite et qu'ils ne relâchèrent que contre rançon. (Témoin J. S. et J. H.)

35⁰ A **Makowa** les soldats polonais prirent plus de 20,000
roubles à 200 soldats ukrainiens qui revenaient de Russie où
ils avaient été faits prisonniers de guerre. Après leur avoir pris
l'argent qu'ils avaient, ils les conduisirent au camp d'internés
à Dombie. (Témoin J. S.)

Résumant et concluant des faits cités plus haut il en
ressort d'une façon évidente que le but des Polonais n'est pas
seulement de ruiner totalement tout vie et culture intellectuelle
en Galicie oriental mais même d'en faire disparaître la vie
économique.

Voici leur procédé:

Les troupes polonaises réquisitionnèrent et pillèrent au
détriment de la population ukrainienne de la Galicie orientale
tout ce qu'on n'avait pu caché à ces bandits. De ce qu'on
requisitionne rien n'est payé. Malgré cela les autorités polonaises réquisitionnent toujours, le bétail, le blé et tout ce que
possède la population. Les communes qui ont subi ces pillages
sont devenues des terrains où le typhus y fait des ravages
effrayants.

Les paysans ukrainiens sont forcés par les gendarmes polonais à travailler chez les grands propriétaires polonais, en général sans être payés, ou bien en ne recevant qu'un salaire
dérisoire.

Entretemps le champ du petit paysan reste inculte. Les gendarmes armés de fouets russes forcent les paysans à labourer les champs du propriètaire polonais enemmenant au travail sa charrue et ses propres instruments aratoires si non les coups de fouet pleuvent dru comme grêle. L'ancien esclavage est rétabli sous une autre forme.

Il n'y a pas que les personnes privées qui soient ruinées sous le rapport économique. Les Polonais cherchent surtout à empêcher le développement économique des Ukrainiens, et d'anéantir le développement de toutes les coopératives ukrainiennes. Les autorités polonaises mettent sous séquestre et par là empêchent le fonctionnement de la grande société ukrainienne "Silskyj Hospodar" et de son syndicat commercial "Krajewyj Sojuz Hospodarskych Spilok" à Léopol, en mettant sous scellés les dépôts, les magasins, plus de 100 succursales en province, ainsi que plusieurs milliers de magasins de vente pour les groupes locaux. Par suite de ces agissements ces deux sociétés coopératives ont subi des dommages s'élevant à plusieurs millions. En même temps les Polonais pourvoient amplement leurs institutions économiques de marchandises et éloignent systematiquement de toute sphère d'influence les coopératives ukrainiennes et de la Torte les conduitent à la ruine complète. Il est inutile d'ajouter que cette manière d'agir est une grave atteinte aux lois existantes, surtout à la loi du 9 Juin 1873 qui est la base de l'organisation économique. En outre les Polonais se sont emparés de 70 wagons de sel que la Société "Sojuz Spilok" avait commandés en Allemagne et qui passaient par Cracovie. Non seulement les Polonais n'ont pas indemnisé cette société pour le vol de ces 70 wagons, d'une valeur d'un demi million mais au contraire ils la forcèrent à payer les frais de le transport qui s'élevaient à 16,000 couronnes.

Les Polonais en se basant sur la décision de la commission de permanence de Galicie ont transporté, d'une façon illégale, à Varsovie la Caisse centrale de la Société agricole avec

un capital fonds de 5 millions de couronnes, qui servait à toute
la population du pays. Le capital ci-dessus qui est un capital
appartenant au pays formé par les apports, les impôts ete.
appartient à toute la population de ce pays, donc aussi bien
à la population polonaise qu'à la population ukrainienne. Com-
munication fut faite aux coopératives ukrainiennes qu'elles pen-
dent se faire inscrire comme membre de cette caisse à Varsovie,
sous peine de se voir autrement forcé à rembourser immédiatement tous les crédits qui leur avaient été fait.

IV. Persécution de l'église ukrainienne.

Sachant que le rite et l'Eglise grec-catholiques forment digue contre la latinisation et la polonisation de la population ukrainienne et afin d'empêcher leur influence sur cette population, les Polonais cherchèrent par tous les moyens possibles à les anéantir. Les différents moyens que les Polonais ont employé sont les suivants :

1⁰ Les prêtres ukrainiens sont massacrés, arrêtés, internés en masses, si bien que dans certains arrondissements tels que dans ceux de Drohobycz, Rohatyn c'est à peine s'il reste de 2 à 5 prêtres sur 30 qu'il y avait autrefois.

Jusqu'ici il été prouvé d'une façon tout à fait certaine que les Polonais ont assassiné les Prêtres O. Niżankowskyj, Zatorskyj, Lopatynskyj, Pidlascheckyj, Halibej, Sucharowskyj. Plus de 1,000 prêtres ukrainiens ont été internés sans égard à leur position, à leur âge, à leur dignité chanoine, doyen, etc., que ce soit un prêtre séculier ou un moine, sans même prendre en considération s'il s'occupait ou non de politique. Parmi les internés on trouve des vieillards de 90 ans ; presque tous les religieux de l'Ordre de S. Basile, au nombre de 46 des professeurs religion, tels que l'abbé Kormosz, l'abbé M. Komarnyckyj de Peremychl, etc.

Rien qu'à **Léopol** il y avait 612 prêtres ukrainiens d'enfermés dans les prisons de Brygidki et de Zamarsteniw. Après quelques mois d'emprisonnement, et sur l'intervention du Métropolite Szeptyckyj et de la Mission anglaise, 400 prêtres quittèrent les prisons, mais cependant ne furent pas mis en liberté, car 200 environ furent confinés. Aujourd'hui encore

175 prêtres ukrainiens innocents souffrent dans les prisons et attendent qu'on les traduisent en conseil de guerre. On ne permet pas à ces martyrs de dire la St. Messe, on ne leur permet même pas d'aller à l'église.

Parmi les prêtres qui furent emprisonnés on internés nous citerons entr'autres: le T. R. Bohaczewskyj chanoine du chapître de Peremychl, le T. R. Fr. Rabij chanoine, curé-doyen de Sambir, l'abbé Cehelskyj âgé de 73 ans, chanoine, curé de Kaminka Strumylowa, le chanoine Bencin curé-doyen de Stary Sambir, le curé-doyen Dorohockyj, le conseiller du Consistoire Berezowskyj âge de 90 ans, l'auditeur militaire polonais Dr. Zahyrskyj fit pendre son fils innocent, prêtre lui aussi, les curés Abrysowsky, Wynnyckyj, Pellych, Hoszowskyj, Rudnyckyj, Hvozdeckyj, Zhorlakewycz, Szechowycz, etc. Les prêtres ukrainiens arrêtés sont insultés et maltraités; les légionnaires polonais ont martyrisé et tué le R. R. M. M. Pidlachewský et Halibej; les polonais cherchent par tous les moyens possibles à abaisser et à outrager les prêtres ukrainiens devant leurs paroissiens. P. ex. le T. R. Onyszkewycz, curé de Kupnovitch, ancien député au parlement eut à subir les faits suivants. Afin de ne pas être conduit par les gendarmes polonais à travers sa paroisse, il se présenta en personne au commandant militaire polonais de Peremychl. Ce dernier le renvoya à la maison. Ce n'est que le lendemain que les gendarmes polonais vinrent l'arrêter, lui firent traverser toute sa paroisse en l'insultant et ensuite l'emmenèrent par chemin de fer à Brest Lytowsk et de là à Dombie.

Nous avons déjà parlé plus haut de la façon dont on frappa, maltraita et tua sonvent nos prêtres ukrainiens. Nous ferons cependant remarquer que presque tous les prêtres ukrainiens ont eu de grands dommages par suite des réquisitions et des pillages organisés par les soldats polonais, qu'ils ont perdu tout ce qu'ils avaient et qu'aujourd'hui ils sont sans aucun moyen de subsistance et sans nourriture. Nous citerons par ex. les abbés J. Olszanskyj à Chiriw, J. Karanowycz à Jaksmanyczi,

W. Hynylewycz à Tysowa, J. Szechowycz à Sokal, Ét. Onyszke-
vycz à Kupnovitch, sans compter ceux qui ont été complètement ruinells et pillés.

Ils y périssent par suite du manque des moyens d'existence
les plus nécessaires, pendant que leurs anciennes paroisses sont
dépourvues de prêtre.

Les prêtres arrêtés sont enfermés dans des cabanons salès,
humides et malsains, avec les pires criminels et bandits criminels
et y sont l'objet de mauvais traitements. P. ex. le curé de Poty-
lyczi âgé de 70 ans fut piétiné sur tout le corps à Rawa Ruska
par des soldats polonais portant des souillers garnis de gros
clous. Beaucoup de prêtres sont enfermés dans les prisons des
tribunaux par exemple à Brygidki (Léopol) dans les casemates
de la forteresse de Brest, où non seulement il leur est défendu
de sortir, mais aussi d'ouvrir les fenêtres, et ils sont forcés d'y
satisfaire leurs besoins naturels dans les cabanons où ils sont
enfermés.

Les Polonais ont même importuné et les plus grands dignitaires
de l'Église gr.-cath. C'est ainsi que Mgr. Kozylowskyj tout der-
nièrement promu évêque de Peremychl, fut inquiété par une suite
de perquisitions, quoiqu'il soit complètement étranger à la politique. Les soldats polonais cherchèrent chez lui des armes, on
lui fit passer la visite et à la dernière perquisition, les soldats
satisfirent leurs besoins naturels sur la table du salon. La première
révision eut lieu le 1er Novembre 1918 sur l'ordre du chef d'Etat
major polonais. Le commandant de la patrouille était le capitaine
polonais Kaminski. La deuxième révision le 11 Novembre 1918
eut lieu sous le commandement d'un sous-officier polonais à
9 heures du matin; les soldats satisfirent leurs besoins naturels
dans les chambres du palais épiscopal. Le même jour eut lieu une
troisième révision sous le commandement d'un officier polonais qui
ordonna à l'évêque de lever les bras en l'air et lui posa le
canon de son revolver sur la poitrine. Deux autres révisions
furent faites plus tard dans le but de fouiller, grever et caver.

Le plus haut dignitaire de l'Église ukrainiennne le métropolite gr.-catholique André comte Szeptyckyj à Léopol ne fut
non seulement l'objet de nombreuses perquisitions, mais
fut aussi confiné. Lorsque Pilsudski, Président de l'Etat polonais
vint à Léopol, le métropolite demanda une audience afin de
se plaindre des mauvais traitements que les soldats polonais
faisaient subir au clergé ukrainien. Lorsque les Polonais ap-
prirent que le Président s'était déclaré prêt à recevoir le
Métropolite, ils firent immédiatement cerner l'archevêché par
un cordon militaire et empêchèrent le prélat de sortir. Depuis
ce temps la sentinelle empêche au prélat de sortir de son
palais et en interdit l'entrée à toute personne. Lorsque Mgr.
Szeptyckyj voulut fêter le sanctième universaire de sa con-
sécration épiscopale, il lui fut interdit des se rendre à
Stanislawiw où il avait été consacré évêque il y a 20 ans et
où il voulait célébrer la St. Messe et donner la bénèdiction
à ses anciens paroissiens.

Lorsque le métropolite Szeptyckyj envoya une ordonnance
épiscopale à son clergé, en lui intimant de se servir de la
langue ukrainienne dans tous les rapports avec les autorités
occupant le territoire ainsi que pour la tenue des livres, des
paroisses, la presse polonaise traita cette action de "Provocation
insolente" (Ilustrowany Kurier Codzienny Nr. 274 du 8 Octobre 1919).
Une lettre pastorale adressée par tout l'épiscopat grec.-catholique
de la Galicie eut le même sort, attaques de toute la presse
polonaise et même, chose incroyable, une partie de la lettre
pastorale fut confisquée. Une telle manière d'agir envers les plus
hauts Dignitaire de notre église, démontre d'une façon claire
et précise l'intolérance des Polonais envers tout ce qui est
ukrainien.

Les Polonais emploient tous leurs efforts à priver la population ukrainienne et surtout la population paysanne de tous
leurs pasteurs, conseillers et guides religieux par les assassinats,
les internements et les mauvais traitements.

7

Cela ne leur suffit pas encore. Afin d'empêcher de remplacer les vides qui se sont produits dans les rangs du clergé par suite des 5 années de guerre et des atrocités polonaises qui ont diminué énormément le nombre des prêtres de telle façon qu'il ne suffit pas actuellement aux besoins de la population ukrainienne, les autorités polonaises ont supprimé, depuis Avril 1919, les dotations d'Etat provenant des fonds religieux pour l'entretien des séminaires greco-catholiques. Par suite de cette décision les évêques furent obligés de fermer les séminaires. Lorsque les Polonais eurent ainsi atteint leur but ils réquisitionèrent tous les séminaires greco-catholiques pour les transformer non seulement en hôpitaux et en casernes, mais aussi, comme à Léopol par exemple en Casino militaire où il s'y passé des orgies.

2⁰ Les soldats polonais se sont servis des églises grecques-catholiques comme écuries et même comme lieux d'aisances, comme p. ex. à Nyklowyczi près de Sudowa Wysznia et à Domażyr.

3⁰ Afin de mieux prouver l'irréverence et la profanation que les églises ont subies, nous citerons les faits suivants qui ont été portés à notre connaissance.

a) A **Bortiatyn** (arrond. de Sudowa Wyśznia), les soldats polonais ont pris tous les objets nécessaires au culte religieux le T. S. Sacrement fut profané et les S. Hostie jetée sur l'autel et sur le pavé!

b) A **Bykow** (arrond. de Mostyska), l'église fut convertie en caserne et les soldats y satisfaisaient leurs besoins naturels.

c) A **Wyslok welykyj** (arrond. de Sanok), les soldats polonais s'attaquèrent l'église, s'emparèrent de l'argent et des ornements religieux dont ils se revêtirent, se mirent à danser dans l'église et l'arrosant d'eau bénite chantèrent le "Requiem" pour l'Ukraines.

d) A **Kosyczi** (près de Léopol), les légionnaires du 8ᵉ régiment de Varsovie pillèrent l'église en Mars 1919, les soldats prirent deux ciboires, l'ostensoir, deux ornements tout

9 nappes d'autel pour 3,000 couronnes de cierges, des essuie-
mains, des couvertures et d'autres objets. Ils arrachèrent la
couverture dorrée de l'Évangile. (Témoin L. G.)

e) A **Rudna** et à **Riasna Ruska** (près de Léopol), les
polonais détruisirent les églises et tout ce qui s'y trouvait avec
des grenades.

f) A **Czerniawa** (arrond. de Mostyska), les uhlans polonais du 3ᵉ régiment pillèrent l'église et emportèrent les ciboires
et les ornements sacerdotaux.

g) Dans l'arrondissement de **Zydacziw**, les gendarmes
empêchèrent de célébrer l'office dans les églises et de chanter
des cantiques religieux.

h) A **Firlijiw** (arrond. de Rohatyn), les soldats polonais
crochetèrent l'église le 26 Juin 1919, et emportèrent la caisse
de l'église qui contenait environ mille couronnes.

i) A **Pidhorodie** (arrond. de Rohatyn), l'église fut pillée,
La S. Hostie jetée à terre, les cuillers d'argent servant à la commu-
nion furent volées et beaucoup d'autres choses détruites.

j) A **Mariampil**, le 9 Juin 1919 40 soldats polonais
pénètrent dans l'église pendant l'office, y détruisent les ban-
nières, jettent les croix à terre, ainsi que les livres de messe
qui étaient sur l'autel et volèrent beaucoup d'objets d'église.

4. Afin d'obliger la population à adopter le rite latin et
de renoncer au rite gr.-catholique les Polonais employent une
quantité de moyens de violence. Ces moyens sont les pre-
mières conditions afin de pouvoir conserver son travail et son
gagne-pain et continuer a vivre. Les catholiques du rite grec
sont renvoyés en masses des places qu'ils occupent. Ce sont
des garçons de bureau, des conducteurs de tramways,
des préposés à la garde d'édifices publics, même des prêtres
ukrainiens que l'on menace de suspendre s'ils ne se convertissent
pas au rite latin. La lettre pastorale de l'épiscopat ukrainien du
26 Septembre 1919 est une preuve de la pression qui fut exercée
par les Polonais sur les Ukrainiens au commencement de l'occu-

7*

pation. Cette lettre pastorale commence comme suit: "Dieu nous a
"imposé de longues et pénibles souffrances. C'est à peine si les plaies
"d'une longue guerre mondiale sont cicatrisées, qu'une nouvelle
"guerre, plus terrible que la première bouleverse notre patrie
"saccagée. Le conséquences en ont été malheureuses! Les soldats
"polonais occupent tout notre territoire. Dieu seul sait ce que
"notre pauvre peuple a à souffrir. D'autres souffrances viennent
"s'ajouter aux atrocités de la guerre. Des milliers de victimes
"innocentes sont tourmentées dans les prisons, et sont en proie
"aux plus horribles douleurs physiques et morales. On croirait
"que le monde est condamné à disparaître. Les assassinats et
"les vols restent impunis. Cinq prêtres ont été assassinés, des
"centaines ont été emprisonnés, les églises et les cloîtres sont
"pillés, presque toutes les paroisses sont sans pasteur, etc."

V. La destruction de la culture nationale ukrainienne et de l'économie politique.

En contradiction avec le paragraphe 92 du traité de paix avec l'Autriche, les autorités polonaises ne considèrent pas seulement l'activité politique des Ukrainiens pendant leur souveraineté en Galicie orientale comme un crime envers l'Etat polonais et traduisent devant un tribunal militaire les personnes qui y ont pris part, mais ils emploient d'une manière systématique tous les moyens possibles non seulement pour exterminer, sur tout le territoire de la Galicie orientale qui est habité par 75 $^0/_0$ d'Ukrainiens, les personnes qui y sont nées, mais aussi pour détruire la culture ukrainienne acquise par les rudes labeurs de la classe intellectuelle ukrainienne. Les conquêtes acquises par une activité inlassable et par de durs travaux pendant des décennales deviennent la proie de la cupidité, de l'intolérance et du chauvinisme de toutes les classes de la population polonaises. En voici des preuves:

Au commencement les autorités polonaises interdirent tous les journaux ukrainiens à Léopol et dans toute la province.

Toutes les demandes et tous les essais faits pour obtenir la permission de faire paraître les journaux les plus importants, "Dilo" et "Swoboda" sont restés jusqu'à présent sans résultat. Depuis longtemps aucun journal ne parait, ni à Léopol, ni dans tout le pays. Il fut défendu de faire paraître même un 'ivre en langue ukrainienne. A Stanislawiw par exemple le calendrier ukrainien fut confisqué parce qu'il contenait un chapitre littéraire et économique de l'histoire ukrainienne. Toutes les rédactions restèrent longtemps sous scellés. Seul un organe démocrate socialiste ukrainien, le "Wpered" put paraître au commencement à la condition que les articles en caractères ukrainiens fussent reproduits à côté en caractéres latins. Après bien des ennuis et beaucoup de confiscations ininterrompues, ce journal cessa de paraître le 19 Mars 1919 et tous les membres de la rédaction furent enfermés. Ils restèrent en prison jusqu'au 10 Mai 1919 sans qu'on leur fit subir d'interrogatoire. Ce n'est que le 3 Septembre 1919 que le "Wpered" et deux autres journaux reçurent l'autorisation de paraître. La presse de province a été complétement détruite par suite des confiscations et des tourments qu'elle eut à endurer. C'est ainsi qu'à Stanislawiw on se vit obligé, à peine quelques numéros parus, d'éditer plus longtemps le journal hebdomadaire "Wola". Grâce à la censure sans pitié ni miséricorde d'un jeune censure militaire polonais âgé de 20 ans il dût cesser de paraître. A Peremychl, le journal "Ukrainskyj Holos" ne reçut sans doute la permission de paraître qu'afin de pouvoir le ruiner matériellement complétement par des confiscations ininterrompues. Les difficultés que le gouvernement polonais fit à ce journal sont incalculables. Sur les 10 premiers numéros, 9 furent confisqués, l'un même le fut deux fois. Après l'apparition du 16e numéro le journal fut interdit pour longtemps.

L'imprimerie de l'institut "Stawropigia" fut fermé; 3 mois après il fut réouvert mais il y manquait 4 moteurs dont les autorités polonaises s'étaient emparées. Les archives et la bibliothèque de l'orde de Sᵗ· Basile à Krechiw ont subi le même sort. L'imprimerie de l'orde de Sᵗ· Basile à Żowkwa fut requise par les autorités polonaises ainsi que l'imprimerie de Sokal qui, comme le disent les journaux polonais le fut afin de sauver "une propriété historique ancienne" que possédait soi disant cette imprimerie. (Illustrowany Kurier Codzienny 27 août 1919.) L'imprimerie du journal "Dilo", ancienne imprimerie Eichelberger resta 10 mois sous scellés, ce n'est qu'après, qu'elle fut réouverte mais que n'y manquait-il pas?

Dès le premier jour de leur occupation, les soldats polonais arrachèrent tous les emblèmes, les écussons, les enseignes ukrainiens non seulement des monuments publics, mais aussi des magasins et appartements privés, dans tout le pays. Ils furent remplacés seulement par des enseignes polonaises. Actuellement il est permis d'afficher ou d'avoir des enseignes en langue ukrainienne à condition que le même texte y soit reproduit en polonais. Cette autorisation n'est que théorique, car en vérité les Polonais enlèvent toutes les enseignes ou affiches en langue ukrainienne.

Le seul théâtre ukrainien qui existe fut fermé après quelques représentation et c'est à pein qu'on lui permet maintenant de donner quelque représentation.

Le recteur de la seule universite qui existe, dans toute la Galicie orientale, n'a permis l'admission dans cette université qu'aux étudiants polonais et aux citoyens des Puissances amies et alliées, et aux seuls étudiants de la Galicie orientale qui avaient fait leur service militaire dans l'armée polonaise De cette façon il était impossible aux ukrainiens et aux juifs de faire leurs études supérieures, car aucun n'a servi dans l'armée polonaise ennemie.

En outre les autorités polonaises exigèrent que les professeurs de l'université, qui sont de nationalité ukrainienne prêtassent serment non seulement à la nation polonaise, mais aussi au peuple polonais et ceux qui refusèrent furent destitués de leurs fonctions. Le même procédé eut lieu à l'école technique.

Comme suite de ce qui précède, les étudiants ukrainiens ne purent continuer leurs études supérieures et la jeunesse ukrainienne fut empêchée de jouir d'une instruction supérieure, d'autant plus encore que les étudiants ukrainiens ne pouvaient suivre les cours d'une école supérieure étrangère, les Polonais refusant de viser leurs passeports pour l'étranger. La demande que fit la société scientifique ukrainienne "Schewczenko" pour obtenir l'autorisation d'ouvrir des cours universitaires privés reçut un refus formel de la part des autorités polonaises. Afin d'induire l'étranger en erreur, le gouvernement polonais déclara qu'il avait l'intention d'ouvrir une université ukrainienne à Léopol. Depuis cette déclaration le gouvernement polonais n'a naturellement rien entrepris pour cela et les nombreux étudiants ukrainiens depuis bientôt deux ans, sont tenus éloignés de l'université, et toute initiative privée qui aurait pu leur donner une certaine instruction universitaire a été formellement défendue. Le conseil de l'instruction publique, par sa circulaire du 31 Mai 1919 n'a permis l'admission aux cours que pour les étudiants polonais; il a en outre supprimé complétement l'enseignement de la langue ukrainienne. Seuls sont admis les instituteurs et professeurs qui n'ont pas prêté serment à l'Etat ukrainien.

Comme suite à la circulaire, du même conseil de l'instruction en date du 31 Mai 1919 N°· 157 ne sont admis à suivre les cours de l'école normale, que les élèves qui n'ont pas assisté aux cours pendant la durée du régime ukrainien. De cette façon il n'y a que les Polonais qui sont admis à suivre les cours de l'école normale. En outre l'enseignement ne doit y être fait qu'en langue polonaise. Il a été également déclaré que les instituteurs ukrainiens devaient préalablement suspendre l'enseignement.

En ce qui concerne l'admission des élèves aux cours, la circulaire du 31 Mai 1919 prescrit de faire des recherches pour chaque élève, sur la façon dont il s'est comporté envers les Polonais pendant le régime ukrainien. L'admission dépend du résultat des recherches. C'est à peine si les lycées ukrainiens peuvent normalement fonctionner étant donné qu'un grand nombre de professeurs sont internés. Quelques instituteurs, même des directeurs de lycée ont été mis à pied, sans qu'il y ait eu d'enquête et sans qu'on leur fit connaître le motif, tout simplement sous prétexte qu'ils ne jouissaient pas d'une bonne réputation dans la société polonaise. (Le docteur Sabat directeur du lycée à Stanislawiw, Mr. Mostowycz à Kolomea, Mr. Makowej à Zaliszczyki, etc.)

Le séminaire grec catholique, les dépendances de l'école primaire Schaschkewycz et l'internat des garçons du "Narodni Dim" à Léopol furent requis par les autorités polonaises ce qui eut dour cause que la jeunesse ukrainienne ne put y être admise.

Les lycées privés ukrainiens à Dolyna, à Zolocziw, à Rohatyn quoique supportés par les autorités polonaises se virent privés des subventions. Les professeurs de l'Etat qui, pour enseigner dans ces lycées, avaient reçus un congé, furent rappelés au service d'état. En outre la plus grande partie des locaux de ces lycées furent requis par les autorités polonaises si bien que la réouverture des cours n'était qu'illusoire. Les Ukrainiens ayant demandé qu'on désaffecta un lycée qui servait d'hôpital, le préfet leur répondit que les Ukrainiens pouvaient se passer de lycée.

Dans les églises, on fit savoir aux paroissiens que les enfants ukrainiens devaient se faire inscrire dans les écoles polonaises.

A **Zoloczïw**, les autorités polonaises fermèrent une école privée ukrainienne après que les admissions y avaient été reçues. L'inspecteur primaire ordonna la réouverture de toutes les écoles primaires enseignant en langue polonaise, tandis que les écoles primaires enseignant en langue ukrainienne ne furent pas ouvertes. La langue ukrainienne fut supprimée de l'enseignement dans toutes les écoles publiques.

Dans certains arrondissement, les commissaires ou les instituteurs ordonnèrent d'eux mêmes le remplacement de la langue ukrainienne par la langue polonaise comme langue usuelle. Les écoles ukrainiennes ne urent plus où enseigner, on se servit des bâtiments pour d'autres buts. Beaucoup d'instituteurs furent internés et d'autres renvoyés. La circulaire du 3 Mai 1919 N⁰ 143 est un vrai soufflet donné aux instituteurs et professeurs ukrainiens des écoles primaires et secondaires. En effet elle ordonne la création de commissions composées de 3 polonais dont le principal devoir est de répartir les professeurs ou instituteurs ukrainiens en trois groupes. Le premier groupe comprend les membres de l'enseignement qui n'ont pas voulu prêter ser-

ment au régime ukrainien, donc des polonais, le second groupe
ceux qui avaient prêté serment, donc des ukrainiens, des juifs
et une petite partie de polonais; ces personnes avant d'être
réadmise dans l'enseignement doivent subir une épreuve de
justification, faire une quantité de déclarations, renier leur serment, tout cela devant la dite commission et qui plus est se
déclarer, d'une façon formelle, être prêtes à prêter serment au
gouvernement polonais. Enfin on classa dans le 3e groupe les
personnes qui d'après les membres de la commission avaient
eu une attitude hostile envers la nationalité polonaise. Le but
de ces dispositions est facile à comprendre; il s'agit de dé-
courager le corps enseignant ukrainien, de l'atteindre profondément tant dans sa dignité que dans sa considération, de le
ruiner matériellement et de le faire disparaître autant qu'il se peut.

La langue ukrainienne a été supprimée dans tous les offices
publics et remplacée par la langue polonaise. Les Polonais
essayent même d'introduire la langue polonaise dans les communes purement ukrainiennes. Les autorités d'occupation, corres-
pondent en polonais avec les autorités du clergé greco-catholique
et exigent qu'il leur soit répondu en polonais, ce qui est contraire
aux prescriptions adoptées. Toutes les publications, arrêtés etc.,
paraissent presque exclusivement en langue polonaise. Les droits
naturels de la majorité ukrainienne de la Galicie orientale,
majorité qui connait à peine la langue polonaise, sont supprimés.
Ce qui encore est plus fort, le mot "Ukrainien" est tellement
détesté des Polonais, qu'ils ne veulent ni le prononcer, ni l'écrire
et qu'ils obligent les gens à employer les mots "ruskyj" ou
"rusyn", qui signifient russe. Les lettres de l'alphabet ukrainien
ne trouvent pas grâce devant les Polonais, aussi veulent ils les
remplacer par des lettres latines.

Nous pourrions citer des centaines d'exemples.

A l'occasion d'une déposition à la préfecture, le T. R.
M. Bohaczewskyj de Peremychl fit en langue ukrainienne un
protocole de sa déposition. Le commissaire lui défendit de faire

emploi de cette langue qu'il qualifia de langue de cochons.
L'abbé Bohaczewskyj ayant refusé d'écrire son acte de naissance
en polonais il l'écrivit en ukrainien, fut arrêté et envoyé à Dombie
où il resta interné pendant plusieurs mois.

La même chose arriva à un nommé Pankowskyj qui lors
d'une déposition répondit en ukrainien. Le maire de la commune
de Reszetiw fut frappé par les légionnaires polonais de coups
de baïonnettes parce qu'il se servait de la langue ukrainienne.
Les personnes qui osent parler ukrainien soit dans la rue, soit
dans des lieux publics sont injuriées, de la façon la plus ignoble
par les Polonais et même dans plusieurs cas, maltraitées à mort.

Les feuilles d'expédition pour la poste, les cartes postales,
les lettres adressées en langue ukrainienne sont refusées par les
bureaux de poste à Sokal, à Czésaniw, à Janiw, à Bolechiw,
même à Léopol. Les journaux ukrainiens consacrent chaque
jour une rubrique à ces atteintes à la loi. Un employé de la
poste à Léopol recevant d'une personne une déclaration
d'expédition en langue ukrainienne, répondit à cette personne;
"Qu'ils avaient l'ordre de ne recevoir que des déclarations en
polonais".

Il faut avouer qu'à la suite de démarches faites par les
Ukrainiens, Mr. Grodzitcki représentant du président de la province
ordonna que les déclarations d'expédition faites en langue ukrainienne devaient être acceptées par les employés de la poste. Il
en est tout autrement en pratique. Les employés de la poste,
tout comme auparavant refusent tout objet postal écrit en langue
ukrainienne, le retournent à l'expéditeur en mettant dessus le
mot "inconnu" et en y ajoutant parfois des insultes blcooantes
pour l'idée nationale. Il y a très peu de lettres ou envois
postaux écrits en langue ukrainienne qui arrivent à destination,
les employés de poste faisant disparaître la correspondance
ukrainienne.

Les autorités polonaises ont systématiquement renvoyé
des professeurs d'université, les Docteurs S. Rudnyckyj, Werha-

nowskyj, etc., beaucoup d'instituteurs, d'employés, de juges, d'employés des chemins de fer, de l'Etat, de la province et des employés des communes parce qu'ils ne voulaient pas prêter serment à l'Etat et à la nation polonais, mais seulement le serment de remplir fidèlement d'une façon irréprochable leurs devoirs. Il arriva que par ces contraintes des milliers d'employés ukrainiens sont sans subsistance, exposés aux périls de la famine.

Il arriva très souvent que les Polonais commirent des actes de vandalisme en détruisant des documents ukrainiens, des livres scolaires, des archives et des bibliothèques entières. Pour cela ils mettaient tous ces objets en tas et les brûlaient. Les insignes nationaux ukrainiens sont arrachés de la façon la plus brutale. Le 24 Mai 1919 des officiers polonais spécialement en patrouille à Kolomea arrachèrent les insignes nationaux aux enfants, fillettes, écoliers et paysans qui sortaient de l'église. De tels actes de violence ont été commis à Léopol, Stanislawiw, Peremychl et dans toutes les autres villes de Galicie orientale.

Toutes les sociétés ukrainiennes, politiques, culturelles, humanitaires ou économiques les centrales aussi bien que les succursales ont été arrêtées dans leurs travaux, les locaux mis sous scellés. La société "Silskyj Hospodar" institution absolument indispensable à la population n'a pas été épargnée, pas plus que ses succursales. La société centrale économique ukrainienne "Bessida" à Léopol eut le même sort. Dans beaucoup de cas, le président, le directeur, ou le chef de la société fut emprisonné. La grande société culturelle "Proswita" à Léopol qui possede 60 succursales et quelques milliers de salles de lecture publiques put il est vrai après un certain temps reprendre ses travaux à Léopol avec l'autorisation des autorités polonaises. Malgré cela au bout de quelque temps, les Polonais ont requis tout le papier nécessaire à l'imprimerie des livres destinés à l'éducation populaire, mis les scellés à l'imprimerie de la société et dévasté d'une telle manière l'ameublement du local de la société qu'on ne sait aujourd'hui si la société pourra continuer ses travaux. Beaucoup de fonctionnaires de cette société ont été arrêtés et sont internés depuis des mois entiers dans divers endroits. Les Polonais opposent tous les obstacles possibles à la création de telles sociétés qui comme "Le comité bourgeois" n'avaient qu'un but humanitaire, qui s'occupait des blessés et des victimes de guerre, et même a empêché la fondation d'un tel comité à Bereżany.

Le commandant militaire, ordonne dans sa circulaire du 28 Novembre 1918, aux banques et instituts financiers ukrainiens de ne verser aux déposants ukrainiens qu'une somme mensuelle de 4,000 couronnes. Cette mesure de rigueur a été supprimée le 2 Mai 1919, mais est malgré cela, continuellement en pratique.

Afin d'empêcher les Ukrainiens de protester publiquement, les autorités polonaises défendent toute réunion toute assemblée de conseils et même défendent de porter plainte. La loi concernant les sociétés et les réunions n'existe pas pour les Ukrainiens dans la Galicie orientale et si parfois il se forme dans la rue un groupe d'ukrainiens, même s'il n'est composé que de quelques personnes, la police polonaise arrive aussitot et les disperse. L'Etat polonais a fermé les frontières pour les Ukrainiens; il est impossible pour eux de se faire délivrer un passeport pour l'étranger excepté pour ceux qui ont le gousset garni et qui peuvent payer de gros pots de vin aux employés polonais.

La correspondance tant pour l'intérieur que pour l'étranger est soumise à la plus rigoureuse des censures, ce qui rend les rapports très difficiles.

La liberté personelle ainsi que le droit de se mouvoir librement n'existent plus pour les Ukrainiens. Les assassinats, les pillages, les internements, les chicanes, sans fin, etc., voila la "liberté personelle" dont jouissent les Ukrainiens, de la Galicie orientale depuis l'occupation de ce pays par les Polonais.

VI. Contrainte à prêter serment.

Sur tout le territoire ukrainien, occupé par les Polonais, les autorités polonaises ont, soit interné, soit confiné (même tué), les employés ukrainiens, ou bien encore les ont renvoyés de leurs postes en leur supprimant leurs traitements et en les privant par là de tout moyen d'existence. Naturellement ils ont été remplacés par des employés polonais. Dans quelques cas, lorsque les Polonais n'avaient pas assez de personnel, ils gardèrent les employés ukrainiens, mais seulement pour les postes de moindre importance, et les forcèrent à prêter serment à l'Etat et au peuple polonais.

Au commencement les autorités polonaises n'exigèrent qu'un serment, celui que l'on remplirait fidèlement ses devoirs pour le bien-être de toute la population. Plus tard elles exigèrent que l'on prêtât serment non seulement à l'Etat et au peuple polonais, mais aussi qu'on prêtât serment de travailler pour le peuple polonais et pour le bien-être de celui-ci. Les autorités polonaises n'exigèrent ce serment, non seulement des employés d'Etat, des institutions privées ou autonomes, mais aussi des avocats.

Un certain nombre d'employés ukrainiens ne voulurent pas prêter serment sous cette dernière forme, étant donné que la Conférence de la Paix n'a pas encore pris de décision sur le sort de la Galicie orientale et que ce pays n'appartient pas encore à la Pologne. Qu'arriva-t il alors à ces employés? Le Gouvernement polonais les poursuit comme des criminels, les fait enfermer et fait paraître des décrets qui livrent ces malheureuses victimes et leurs familles à la terreur du chauvinisme polonais.

Comme preuve à l'appui, nous donnerons ci-dessous la traduction textuelle d'un décret du préfet polonais de Lubacziw:

Préfecture de Czesaniw à Lubaczow No. 3919/19. Lubacziw, le 10 Juin 1919.

A Monsieur Emilian Lawrowskyj à Lubacziw:

Etant donné que vous n'avez pas prêté serment, vous avez prouvé déjà par ce fait votre attitude hostile envers l'Etat polonais. J'ordonne immédiatement que vous soyez confiné à Lubacziw aux conditions ci-après:

1º Il vous est interdit de quitter votre demeure sans autorisation spéciale de la préfecture.

2º Les agents de la sûreté devront s'assurer deux fois par jour de votre présence dans votre demeure.

3º Votre correspondance ainsi que celle de votre famille seront soumises à la censure de la préfecture.

4º L'autorité administrative a le droit d'ordonner à chaque moment une révision de votre demeure.

Signé: Russocki, Directeur du département.

C'est ainsi que des centaines d'employés ukrainiens ont été confinés ou internés; à Léopol seulement, 400 employés ukrainiens du chemin de fer ont été internés.

Les professeurs de l'université qui ont refusé de prêter serment ont été mis à la porte et il leur fut défendu de faire leurs cours, tels le docteur Stefan Rudnicky, savant géographe, le docteur Werganowskyj professeur de droit civil. D'autres furent internés comme le docteur K. Studynskyj, professeur de litérature ukrainienne. Par suite de cette façon d'agir des Polonais, les autres professeurs se sont enfuis à temps et on quitté le territoire polonais. Les employés et garçons de bureau qui ont du quitter leurs emplois, supportent avec courage la détresse et la faim et ne sont pas disposés à se laisser terroriser par le conquérant polonais. Une grande partie d'entr'eux est tourmentée dans les prisons et les camps d'internement; le reste supporte sa misère en dehors des frontières de l'Etat polonais.

Afin d'assurer dans la mesure du possible la vie aux employés ukrainiens des chemins de fer qui avaient été renvoyés, une fabrique privée, celle de Mr. Lewynskyj, à pris presque tous ces employés. Mais cet acte d'humanité envers des compatriotes ne plut pas au gouvernement polonais qui ne permet à cette fabrique de n'employer qu'un nombre restreint d'ouvriers et dont la moitié devait être composée d'ouvriers polonais, l'autre moitié d'ukrainiens.

Quoique la Galicie orientale ne soit pas encore attribuée à la Pologne, celle-ci a déjà ordonné, par voie d'affiche et par les journaux, le recrutement de 4 classes de la population ukrainienne et de la population israélite de la Galicie orientale. Ce n'est qu'après intervention de l'Entente que ce projet ne fut pas mis à exécution.

VII. Colonisation de la Galicie orientale par les Polonais.

Pour préparer la base d'un plébiscite qui déciderait du sort de la Galicie orientale, et afin d'en renforcer l'élément polonais, les Polonais colonisent ce pays d'une façon systématique par des paysans polonais qu'ils font venir de la Galicie occidentale.

La façon et le mode de colonisation qui furent pratiqués au temps de la domination polonaise sous l'ancien régime austro-hongrois, comme la prise de possession de tous les emplois publics par les Polonais, la terreur et l'humiliation exercées sur les employés ukrainiens, aux quelles viennent s'ajouter maintenant la contrainte de prêter serment, celle de renoncer ou rite greco-catholique pour adopter le rite latin, n'ayant pas atteint les résultats que les Polonais en attendaient, ceux ci emploient maintenant un moyen plus radical, la colonisation de la Galicie orientale par des paysans polonais.

Les Polonais pensaient exécuter une colonisation méthodique au moyen de la loi sur la réforme agraire.

La diète de Varsovie fit paraître le 10 Juillet 1919 une loi agraire décrétant contre dédommagement l'expropriation de la grande propriété et des biens de main morte. Cette loi contient pour la Galicie orientale les mesures exceptionelles suivantes :

1º La défense de parcellement volontaire.

2º Le parcellement ne peut être exécuté que par le bureau polonais de colonisation.

3° Le terrain acheté ne pourra être donné à son nouveau propriétaire que par le bureau polonais de colonisation et par la voie du parcellement dans l'ordre suivant:

a) En premier lieu aux employés de la ferme qui partout sont polonais.

b) Aux légionnaires et invalides polonais.

c) Ensuite aux colons polonais qui auront été amenés.

d) Ensuite au reste de la population locale et ceci lorsque les intérêts de l'Etat ne s'y opposeront pas.

Etant donné que la vente de biens et de terrains à des ukrainiens sera toujours en opposition aux intérêts de l'Etat polonais, comme celui-ci le prétend, il est clair et certain que par suite du parcellement de la grande propriété et des biens de main morte, les paysans ukrainiens qui forment la population aborigène de la Galicie orientale ne recevront pas un pouce de terrain.

La meilleure preuve de ce que nous avançons est sans contredit un article de la "Gazetta Wieczorna" du 17 Septembre 1919 qui donne la nouvelle suivante: C'est incroyable qu'actuellement un Monsieur H. a commencé à parceler sa propriété Towstobaby entre les paysans ukrainiens. Puis plus loin: Momentanément nous nous abstenons de tout commentaire car il n'y a aucun doute que la propriété et la terre polonaises en Galicie orientale ne deviendront la propriété que de paysans polonais. Nous espérons que cet note servira d'avis à tous ceux qui éventuellement voudraient suivre l'exemple de Mr. H.; car à l'avenir nous n'hésiterons pas dans de pareils cas, et cela sans compassion aucune, à flétrir de tels actes et de donner publiquement le nom du vendeur afin qu'il soit livré à la honte et à l'opprobe des générations futures.

Nous trouvons dans le journal "Illustrowany Kurier Codzienny" du 4 Octobre 1919 la nouvelle que dans le district de Kolomea, 14 propriétés ont été désignées pour le parcellement; que cette action est dans les mains d'une organisation polonaise

qui veut créer un fort bastion polonais à la frontière de l'Etat
polonais.

Comme nous l'apprenons, d'ailleurs les journaux polonais
l'annoncent aussi, la commission économique de la diète polonaise a décidé, ces temps derniers, de consacrer un capital de
50 millions pour le changement de domicile des paysans polonais de la Galicie occidentale en Galicie orientale.

Dans la brochure destinée aux soldats et intitulée. "La
Pologne doit avoir une forte armée", on promet en termes
formels la répartition des terrains fertiles du grand territoire de
la Galicie orientale entre les Polonais qui ne possèdent pas de
biens. On y fait l'appel de ne perdre pas de vue cette idée,
afin de conquérir les armes á la main et d'assurer ce territoire
à la Pologne. "Le gouvernement polonais exécutera la répartition
de la grande propriété foncière entre de pauvres paysans polonais; mais il faudra qu'il cherche ces grands territoires en Galicie, en Wolhynie, en Podolie et dans la Russie blanche. Là
bas il y a des milliers et des milliers d'hectares qui attendent
que la main travailleuse du paysan polonais les rende fertiles
et sur ces territoires pourront s'élever de grands villages polonais qui deviendront florissants!"

La loi agraire adoptée le 10 Juillet 1919 par la diète polonaise n'a pas satisfait la majeure partie des partis politiques
polonais. Le député Zamorski écrit: il faut parceler la propriété
de la Galicie orientale entre des paysans amenés de l'ouest et
il faut que la colonisation soit faite de manière que les Polonais
soient renforcés dans la partie ukrainienne de la Galicie, qui
a été polonaisé et qui doit rester polonaise.

Il demande que le gouvernement polonais de la Galicie
orientale décide en premier les terrains de colonisation qui ne
devront être répartis qu'entre des paysans polonais. La société
des grands propriétaires fonciers "Zwiazek Ziemian" qui conduit un travail de colonisation très étendu a fait un appel aux
paysans de l'ouest qui aspirent aux territoires fonciers polonais

et principalement dans les arrondissements ukrainiens de Kalusz, Rohatyn, Czortkiw, Rawa Ruska, Mostyska.

Depuis le 14 Décembre 1919 la vente où le parcellement de propriétés ne peut avoir lieu qu'avec sur l'autorisation du bureau de colonisation de Varsovie ou de la commission provinciale à Léopol. Tout parcellement ou vente sans autorisation préalable est considéré comme nul.

VIII. Propagande mensongère.

Afin de justifier aux yeux du monde entier, leurs attentats et leurs forfaits, pour augmenter la haine de la société polonaise envers les Ukrainiens, et pour justifier leur campagne de brigandage en la Galicie orientale et Wolhynie; afin aussi d'induire en erreur la Conférence de la Paix à Paris et de déterminer celle-ci à leur confier le mandat de pacification, les Polonais n'ont pas hésité à ouvrir une campagne de calomnies et de mensonges contre les Ukrainiens, non seulement dans leur presse corrompue, mais aussi en envoyant de fausses nouvelles à Paris et à toute la presse étrangère. Ils inventent des crimes soi disant commis par les Ukrainiens. Ils traitent l'armée ukrainienne d'armée de bolchéviks et crient chaque jour au monde entier dans de longs articles mensongers le vandalisme et la barbarie des Ukrainiens. Ils trouvent chaque jour de nouvelles inventions de cruautés, d'assassinats et de pogroms, font ressortir quotidiennement dans leurs journaux les souffrances et les martyres endurés par "les polonais sans droit et sans défense" sous le régime ukrainien.

Par ces mensonges et ces calomnies, les Polonais ont atteint le but qu'ils désiraient.

Toute la société polonaise est montée contre les Ukrainiens. L'Entente se laisse aller à accorder aux Polonais le droit d'occuper la Galicie orientale et de leur permettre d'y établir une administration polonaise ayant mandat de rétablir "l'ordre et la tranquilité". Soutenus matériellement et moralement par l'Entente, les Polonais étaient en état de dominer comme ils l'entendaient ce pays purement ukrainien.

Nous reproduirons ici quelques uns de ces articles mensongers pris au hasard parmi ceux qui ont paru.

Au commencement de Novembre 1918, après l'occupation de Peremychl, les Polonais ont arrêté et interné quelques centaines d'Ukrainiens. Sur l'intervention du Conseil national ukrainien, qui demanda la mise en liberté des Ukrainiens invoquant pour cela que lorsque les Ukrainiens étaient au pouvoir ils n'avaient interné aucun Polonais, le Conseil national polonais fit savoir qu'il avait déjà ordonné la mise en liberté. Cette décision fut cependant annulée à la suite d'un article paru dans le "Illustrowany Kurier Codzienny" journal de chantage qui répandit la nouvelle que les Ukrainiens avaient fait pendre 72 polonais, et les prisonniers restèrent internés.

Il fut bientôt prouvé que cet article n'était qu'inventé de fond en comble; mais malgré cela les internés ukrainiens ne furent pas remis en liberté, au contraire on les envoya au camp de Dombie. (Témoin K.)

2⁰ Les journaux quotidiens annoncèrent plusieurs fois et allèrent même jusqu'à donner la photographie d'un polonais auquel les Ukrainiens avaient crevé les yeux, coupé la langue, gravé une croix sur le front. L'archevêque Bilczewski parla dans une lettre pastorale des cruautés ukrainiennes. Entre temps, cette fameuse victime des Ukrainiens fit son apparition à Léopol tout à fait sain et sauf et racontait à qui voulait l'entendre qu'il avait, il est vrai, été confiné à Stanislawiw par les Ukrainiens, mais qu'il n'avait jamais été l'objet d'un mauvais traitement quelconque.

3⁰ Les Polonais répandirent le bruit à Kolomea que le docteur Maritczak avocat, avait assommé un soldat polonais et un soldat roumain. Cette nouvelle fut démentie plus tard par les Polonais eux-mêmes, mais on n'en fit rien savoir au public qui était très excité.

4⁰ Il est prouvé que les Polonais ont masqué leurs atrocités en prenant les cadavres des soldats ukrainiens qu'ils avaient massacrés et en les habillant avec des uniformes de légionnaires polonais. Afin de rendre ces faits plus véridiques encore, ils massacrèrent de nouveau les cadavres et les photographièrent. Ensuite ils firent paraître dans la presse de longs articles sur les soi disant massacres ukrainiens, et les illustrèrent avec les photographies ainsi faites. (Témoins M. N., R. R., J. K., S. K., C. P.)

5⁰ Une commission de l'Entente fut envoyée en Juin 1919 à Drohobycz et à Boryslaw pour faire des recherches sur les cruautés accomplies par les Polonais. Cette commission donne l'ordre aux Polonais de former une sous-commission de recherches composée de .5 polonais, 3 juifs et 2 ukrainiens. Les Polonais choisirent naturellement les personnes qui leur convenaient, c'est-à-dire celles qui s'abstenaient complétement de politique et tout à fait indifférentes aux choses nationales. Parmi ces personnes se trouvait l'abbé L. Celui-ci fut menacé de représailles par les Polonais, s'il avait le malheur de dire quelque chose qui puisse leur nuire. Il est clair qu'une telle commission ne put produire qu'un rapport favorable pour les Polonais.

6⁰ Les Polonais eurent vent qu'une commission de l'Entente devait venir à Stanislawiw. Ils accordèrent alors aux Ukrainiens la permission de faire paraître un journal le "Wola" qui en effet parut mais trois fois seulement. Ces trois numéros furent présentés à la commission de l'Entente, comme pièces justificatives contre les accusations injustes des Ukrainiens qui disent que les Polonais empêchent l'apparition des journaux et oppriment la presse. Aussitôt que la commission eut quitté Stanislawiw, les Polonais confisquèrent le journal et lui défendirent de paraître.

7⁰ Une commission française vint à Brest pour faire des recherches dans le camp des internés ukrainiens. Les Polonais dirent aux membres de cette commission que ce campement ne contenait que des bolchéviks. Les français, sans vérifier si le fait était exact, s'en allèrent avec la ferme conviction qu'il n'y avait aucun ukrainien dans ce camp d'internement.

8° Au commencement d'Avril 1919, Madame Dwernicka, sœur du ministre polonais des postes et télégraphes mourut du "typhus" à Kolomea. Elle fut enterrée en grandes pompes, et le journal polonais "Kniez" fit paraître un article à ce sujet. Deux mois après les Polonais de Kolomea envoyèrent à Varsovie une dépêche disant que Madame Dwernicka avait été tuée par les Ukrainiens. A la suite de cette diffamation le Président Paderewski prit la parole au parlement polonais contre les cruautés ukrainiennes et en profita pour manifester ostensiblement en pleine tribune contre toute la nation ukrainienne qu'il traita de bandits. Ensuite il exprima toutes ses condoléances à son collègue, au sujet de la mort tragique de sa sœur "qui avait été assassinée par les Ukrainiens".

9° Le 8 Juin 1919 les Polonais apportèrent à Stanislawiw sept cadavres de miliciens polonais qui avaient été martyrisés et massacrés de la façon la plus cruelle par les Ukrainiens.

Ceux-ci leur avaient coupé le nez et les oreilles, frappé les pieds à coups de hache, arrachés des lambeaux de chair etc. Toute la ville était indignée et la presse polonaise pleine d'articles d'exaspération. La foule excitée par les Polonais envahit les demeurens des Ukrainiens qu'elle traine jusqu'à l'endroit où était exposées les victimes, afin de leur montrer les cruautés ukrainiennes. Il est impossible de reproduire ici tout ce que la presse polonaise imprima à cette occasion contre les Ukrainiens. Les journaux étaient pleins de calomnies, de mensonges, d'insultes. Peu de temps après le journal polonais "Znicz" fit paraître le protocole des autopsies faites par le médecin judiciaire. Il ressort de se protocole d'une façon claire et précise que ces soldats avaient été tués par des balles de fusil. (Témoin Z.)

10° Afin de tenir secrets tout ce qui se passait dans les camps d'internements, les polonais défendirent de publier les listes des personnes internées et d'informer les familles où les amis des internés sur la façon dont ils avaient été internés et dont ils étaient traités.

11⁰ Beaucoup de journaux polonais répandirent de fausses nouvelles sur les Ukrainiens afin de provoquer de nouvelles représailles et de nouvelles arrestations. En effet ces articles portaient leurs fruits et alors c'était des arrestations en masses, des expeditions disciplinaires, des internements, des révisions sans fin où des milliers d'Ukrainiens innocents devenaient les victimes des brutalités polonaises, entr'autre dans les arrondissements de Bibrka et de Nadwirna.

De tels articles de journaux avaient aussi pour effet d'empêcher la mise en liberté des internés et des prisonniers que l'on continuait à martyriser dans les camps d'internement.

12⁰ Tous les journaux ont déjà fait savoir que le gouvernement de Varsovie avait décidé la création d'une université ukrainienne à Léopol. Tout ceci n'est en fait qu'un moyen, qu'une ruse polonaise, pour tromper le monde civilisé et pour renforcer dans les Etats occidentaux les idées chevaleresques et la tolérance qu'on se fait des Polonais.

La meilleure preuve de ce que nous avançons c'est qu'au même moment où les journaux polonais répandaient ces bruits, les Polonais interdisaient aux étudiants ukrainiens l'entrée et l'inscription à l'université de Lemberg, à l'école supérieure technique et défendaient même aux Ukrainiens d'ériger des cours universitaires privés.

Conclusion.

C'est le cœur transpercé de douleur que nous avons écrit ce livre et c'est pourquoi nous accusons devant le tribunal du monde civilisé les Polonais qui ont foulé aux pieds les principes fondamentaux des droits naturels de l'homme en commettant ces cruautés, ces atrocités et ces actes de violence envers les Ukrainiens, sur le territoire purement ukrainien de la Galicie orientale, ces Polonais qui ont méprisé toutes les lois du droit des gens pour lesquelles le peuple ukrainien a combattu et auxquelles il croit avoir droit.

Nous accusons l'armée polonaise et les autorités polonaises établies sur le territoire d'occupation.

1⁰ D'actes d'atrocité et de crimes commis pendant la guerre.

Assassinats d'officiers, de soldats ukrainiens et de membres de la Croix Rouge ukrainienne; de bastonnades et de coups de fouet, de mauvais traitements, de vols commis envers les prisonniers ukrainiens; enrôlement par force d'ukrainiens dans l'armée polonaise, exactions de prestations de guerre de la part de la population ukrainienne.

2⁰ De traitements inhumains envers les prisonniers de guerre et les internés.

Non exécution du traité du 1er Février 1919 et du 11 Mars 1919 qui fut conclu spécialement pour ce qui concerne le traitement des prisonniers de guerre et des internés; inobservation des conditions sanitaires dans les campements; persécutions exercées sur les prisonniers de guerre et les internés par le manque complet de nourriture et de soins médicaux; défence de secourir les internés; détroussement des internés pendant leur transport et pendant leur séjour dans les baraquements.

3⁰ La vie et la santé de la population ukrainienne sont menacées.

Bastonnades et peines du fouet exercées sans pitié sur des personnes civiles ukrainiennes innocentes; viols accomplis sur des femmes et des jeunes filles; arrestations de personnes civiles faites de la manière la plus cruelle; emprisonnement de sujets ukrainiens à cause de leur action politique sous le gouvernement ukrainien de la Galicie orientale.

4⁰ De pillages des églises et persécutions de la religion grecque catholique.

Destructions, pillages, vols, souillures des églises ukrainiennes et des objets sacerdotaux et religieux; assassinats, arrestations de prêtres ukrainiens et mauvais traitements exercés sur eux; contrainte exercée sur les prêtres et les personnes civiles pour leur faire abandonner le rite grec-catholique et embrasser le rite latin; suspension des offices religieux et défense à la population d'exercer ses devoirs religieux.

5⁰ De Poursuites exercées contre la presse et la langue ukrainienne.

Interdiction des journaux et publications en langue ukrainienne; destructions et confiscations d'imprimeries et de machines; interdiction de la langue ukrainienne dans les offices publics.

6⁰ De Suppression de l'enseignement public.

Renvoi de la jeunesse ukrainienne de l'université de Lemberg et refus d'admission; renvoi des professeurs et recteurs de la dite université; renvoi en masse d'instituteurs ukrainiens;

polonisation des écoles primaires ukrainiennes; réquisitions
d'écoles ukrainiennes pour l'armée polonaise; destructions
des bibliothèques et des livres scolaires ukrainiens dans les
villages.

7⁰ De Poursuites exercées contre les banques et les sociétés économiques ukrainiennes.

Restrictions imposées pour les paiements faits à des sujets
ukrainiens (décret du 28 Novembre 1918). Obstacles opposés
à l'activité des sociétés, banques, coopératives et organisations
économiques ukrainiennes.

8⁰ De la destruction de la vie économique du peuple ukrainien.

Enormes contributions et rançons imposées sans aucune
cause valable, aux villes et villages ukrainiens; réquisitions
continuelles et confiscations de produits alimentaires, de vêtements, d'instruments aratoires, de bétail, etc., et d'argent imposées
à la population ukrainienne; incendies de villages ukrainiens;
travaux forcés exécutés sans indemnisation dans les propriétés
des grands propriétaires fonciers polonais; obligations imposées
aux villages ukrainiens de nourrir gratuitement des détachements
de l'armée polonaise; interdictions faites aux ukrainienes de
voyager, difficultés qui leur sont opposées pour les voyages
et leurs affaires commerciales.

9⁰ De Destruction complète, sans aucun ménagement, de la vie sociale.

Interdictions d'assemblées, même de réunions scientifiques;
bris et destructions d'objets d'ameublement appartenant à des
clubs et sociétés, même à des sociétés de bienfaisance, des
asyles, des cloîtres; obstacles opposés à la population pour lui
empêcher de gagner sa vie.

124

**10⁰ De Destruction complète et sans aucun ménagement
de la propriété et de l'état culturel du peuple ukrainien
et de la classe intellectuelle.**

Destructions d'objets d'art, de monuments historiques, de
bibliothèques; renvoi de la classe intellectuelle des places
qu'elle occupait dans les offices publics de la Galicie orientale;
condamnations à mourir de faim imposées aux familles de la
classe intellectuelle, internements d'employés ukrainiens.

Les faits contenus dans ce livre, se rapportant aux cruautés
et aux crimes exercés sur la population innocente et sans
défense de la Galicie ukrainienne, crimes et cruautés comme
il n'en a encore jamais existé dans l'histoire du monde civilisé,
ne représentant qu'une faible partie tirée de la masse de ces
faits qui furent exercés par l'armée ennemie d'occupation sur
ce malheureux pays. L'impossibilité de nous rendre en Galicie
ne nous permet pas momentanément de donner un tableau
complet de cet enfer, que les Polonais y ont créé. Nous espérons
qu'il nous sera bientôt donné la possibilité d'augmenter cette
mer de récits par plus d'un cas de cruauté et de violence polonaises qui sont ineffaçables de la mémoire.

Le plus triste et le plus malheureux en tout ceci, c'est que
nous ne sommes pas en présence d'actes isolés de terreur et
de violence, ni de crimes isolés accomplis par des soldats devenus
sauvages, que nous n'avons pas à faire à des organes publics
sans responsabilité qui agissent isolément, ou à des personnes
isolées, mais que nous avons devant nous un plan réglé de
campagne médité froidement et sans pitié par l'opinion publique
polonaise qui est résolue à profiter du moment favorable pour
détruire et anéantir complètement tout l'élément ukrainien de
la Galicie orientale. Voilà le plus grand malheur en présence
duquel nous nous trouvons.

En insultant les principes de la démocratie, des progrès
de l'humanité, de la justice internationale et du droit de libre

existence accordé à chaque peuple, la Pologne, dans cette
campagne contre le peuple ukrainien de la Galicie orientale
fait appel avec orgueil au mandat du tribunal de la Société
des Nations. La Pologne qui longtemps languit sous le joug
et qui aujourd'hui ne doit sa liberté qu'aux armes de la démocratie des pays occidentaux, cette Pologne profite aujourd'hui
de la première occasion qui se présente pour combattre son
voisin, le peuple ukrainien de la Galicie avec des expédients
qui sont le dédain de tous les principes de la civilisation mo-
derne. Ceci est une sanglante insulte à tous ces mots vides
de sens hélas "Vérité et Justice" que l'on entend partout aujourd'hui. Ceci est également une tache ineffaçable des efforts
de toute la Pologne tendant à la liberté. Aucun démenti, aucune atténuation, ou explication quelconque de la vérité ne sera
capable de faire disparaître cette tache.

Le peuple ukrainien de la Galicie orientale qui au moment
du démembrement de l'ancienne Autriche a proclamé sa souveraineté nationale et son intention de se réunir à la mère patrie,
méprise l'oppression qu'il subit et prétend à sa souveraineté
nationale ainsi qu'à sa réunion avec la mère patrie. C'est un
principe qui est fermement ancré dans tous les cœurs ukrainiens. Aucun de nous ne se dépouillera de ce principe sacré.
Tout ce qui sera fait contre l'organisation publique ukrainienne,
démembrement ou division, création de frontières artificielles,
tout vol de son propre territoire est et sera considéré par le
peuple ukrainien comme un acte de vandalisme et d'appression
exercé contre lui. Le peuple ukrainien luttera sans discontinuer,
sans aucun égard et d'une manière conséquente pour sa liberté
afin de ne plus être esclave.

L'état actuellement créé, dans lequel se trouve ce pays est
une blessure inguérissable faite à l'Europe, une blessure qui
sera toujours le foyer de continuelles complications guerrières.
Jamais la paix ne pourra exister en Europe, jamais il n'y aura
de tranquilité, aussi longtemps qu'un ennemi cruel et sans pitié

régnera sur des millions d'Ukrainiens, aussi longtemps que les
principes du droit international seront violés comme ils le sont
dans notre malheureux pays, aussi longtemps que ces principes
ne seront pas appliqués à notre pays.

Le but que nous nous proposons dans ce livre, n'est pas
de traiter d'homme à homme en faisant appel au monde entier
civilisé et de cette manière d'adoucir les souffrances physiques
que le peuple ukrainien a à supporter sous le joug polonais.
Nous voulons comme représentant légal de notre peuple attirer
l'attention de tous les Etats civilisés et de leurs dirigeants res-
ponsables, sur le crime que commettent les Polonais sur le
peuple ukrainien, sur les suites de l'injustice effrayante qui fut
accomplie en livrant ce peuple à son ennemi historique, le Polonais, injustice et crime qui sous peu demandera satisfaction
et qui par là sera la cause de nouvelles guerres en Europe,
s'il n'est pas mis bientôt fin à ce crime et s'il n'est pas bientôt rémédié à cette grave injustice.

Index.

9 782019 990947